ESCOLA E CIDADANIA

Sobre o autor

Philippe Perrenoud, sociólogo, especialista em currículo, práticas pedagógicas e formação de professores, leciona na Universidade de Genebra. É co-orientador do *Laboratoire Innovation, Formation, Éducation* (LIFE).
Tem publicado pela Artmed Editora: *A pedagogia na escola das diferenças; A prática reflexiva no ofício do professor; Avaliação: da excelência à regulação das aprendizagens; Construir as competências desde as escolas; As competências para ensinar no século XXI; Ensinar: agir na urgência, decidir na incerteza; Pedagogia diferenciada: das intenções à ação; Dez novas competências para ensinar; Formando professores profissionais: quais estratégias? quais competências?; A profissionalização dos formadores de educadores; Os ciclos de aprendizagem: um caminho para combater o fracasso escolar.*

P455e   Perrenoud, Philippe
        Escola e cidadania: o papel da escola na formação para
        a democracia / Philippe Perrenoud ; tradução Fátima Murad. –
        Porto Alegre : Artmed, 2005.
        184 p. ; 23 cm.

        ISBN 978-85-363-0420-5

        1. Educação – Escola – Cidadania. I. Título.

        CDU 37.017.4

Catalogação na publicação: Mônica Ballejo Canto – CRB 10/1023

PHILIPPE PERRENOUD

ESCOLA E CIDADANIA

O PAPEL DA ESCOLA NA FORMAÇÃO PARA A DEMOCRACIA

Tradução:
Fátima Murad

Consultoria, supervisão e revisão técnica desta edição:
Fernando José Rodrigues da Rocha
Professor Adjunto no Departamento de Filosofia da UFRGS.

Reimpressão 2008

2005

Obra originalmente publicada sob o título
L' école est-elle encore le creuset de la démocratie?
© 2003, Editions Chronique Social, Lyon, France

ISBN 2-85008-520-0

Capa
Gustavo Macri

Preparação do original
Rubia Minozzo

Leitura final
Elisângela Rosa dos Santos

Supervisão editorial
Mônica Ballejo Canto

Projeto gráfico
Editoração eletrônica

Reservados todos os direitos de publicação, em língua portuguesa, à
ARTMED® EDITORA S.A.
Av. Jerônimo de Ornelas, 670 - Santana
90040-340 Porto Alegre RS
Fone (51) 3027-7000 Fax (51) 3027-7070

É proibida a duplicação ou reprodução deste volume, no todo ou em parte, sob quaisquer formas ou por quaisquer meios (eletrônico, mecânico, gravação, fotocópia, distribuição na Web e outros), sem permissão expressa da Editora.

SÃO PAULO
Av. Angélica, 1091 - Higienópolis
01227-100 São Paulo SP
Fone (11) 3665-1100 Fax (11) 3667-1333

SAC 0800 703-3444

IMPRESSO NO BRASIL
PRINTED IN BRAZIL
Impresso sob demanda na Meta Brasil a pedido de Grupo A Educação.

Prefácio

Este livro tem uma história particular.

O tema da cidadania deixou-me por muito tempo não indiferente, mas ambivalente. Como sociólogo, eu só podia conhecer sua importância como pano de fundo, em uma sociedade em que o vínculo social e a capacidade de viver em conjunto são cada vez mais débeis. Mas me causavam, e ainda me causam, exasperação os efeitos do modismo e o aspecto encantatório dos apelos a uma "educação para a cidadania". Como se fosse possível, por um mero adendo ao currículo ou por um retorno à boa e velha educação cívica, com um *look* um pouco retocado, tornar os seres humanos desejosos e capazes de viver em democracia. Liberdade, igualdade, fraternidade: certamente, esses são valores que se ensinam, mas não da boca para fora, entre a gramática e a álgebra. Se a intenção é que a escola retome seu papel de "cimento" da sociedade, façamos disso uma prioridade e asseguremos a ela as injunções e os meios necessários.

Abordei esse tema aqui ou ali, entre outros, em conferências ou artigos, sem projetar um livro. Foi um editor português, da ASA Editores, que localizou os textos em minhas páginas na internet[1] e me propôs traduzi-las e agrupá-las em uma pequena obra. Aceitei e incorporei uma introdução e uma conclusão a esse conjunto. O livro foi lançado em 2002, sob o título "A escola e a aprendizagem da democracia" (Porto, ASA Editores), com um prefácio de Luiza Cortesão, da Universidade do Porto.

Retomei e atualizei esses textos para a versão francesa, acrescentei alguns, aumentei um pouco a conclusão. Agradeço a Barrigue por ter emprestado seu talento à obra e à redação de *L'Éducateur*, revista do Sindicato dos Professores da Suíça Romanda (SER), por ter autorizado a utilização de cerca de 15 desenhos publicados nestas páginas.

---

[1] Páginas pessoais: http://www.unige.ch/fapse/SSE/teachers/perrenoud/
Laboratorie Innovation, Formation, Education (LIFE): http://www.unige.ch/fapse/SSE/groups/LIFE/

François Audigier, professor de didática das ciências sociais na Universidade de Genebra, didata da geografia e da história, bem como especialista europeu em educação para a cidadania e em educação para o direito, dispôs-se a escrever um posfácio substancial. Agradeço-lhe profundamente, pois sua leitura de didata, suas concordâncias, seus cuidados, suas reservas enriquecem as palavras do sociólogo, iniciam um debate que deve prosseguir e convidam o leitor a dele participar.

Uma coisa é certa: em um tema como esse, ninguém pode ter o monopólio da razão.

Sumário

Prefácio v

Introdução
   A escola pode resgatar a cidadania? 9
   A escola somos nós 10
   Ensinar algo mais? 11
   Plano da obra 13

1 Aprendizagem da cidadania das boas intenções ao currículo oculto 19
   A cidadania: de que aprendizagem estamos falando? 20
   Onde e como se aprende a cidadania? 24
   O que a escola pode fazer? 29
   Cidadania e relação com o saber 36
   O que isso exigiria dos professores? 41
   Temos escolha? 43

2 O debate e a razão: cidadania e saberes 47
   Renunciar a um deus ex machina 47
   Uma dupla ingenuidade 49
   Fazer um inventário 50
   Um problema de todos? 51
   Formar para o debate e para a razão por meio dos saberes 53

3 Ciberdemocratização: as desigualdades reais diante do mundo virtual da internet 57
   A escola em face das tecnologias 58
   A desigualdade diante das ferramentas 60
   A desigualdade diante da abstração 62
   Cidadania e redes 64

4 Competências, solidariedade, eficácia: três áreas de exploração para a escola 67
Competências para todos 68
Solidariedade de todos com todos 79
Agir dando o máximo de si 84

5 As competências a serviço da solidariedade 91
Fundamentar a solidariedade como valor e princípio ético 93
Compreender a solidariedade como base do contrato social 94
Aprender a lutar para ampliar a solidariedade 96
A educação para a solidariedade: uma utopia? 97

6 A chave dos campos: ensaio sobre as competências de um ator autônomo 99
Questionar a questão ou como resistir à tentação do "politicamente correto"? 100
Competências transversais? 107
Algumas competências para ser autônomo 113
Formar para uma prática reflexiva 129

7 Fundamentos da educação escolar: desafios de socialização e de formação 133
Os desafios de socialização: preparar para enfrentar as contradições da vida coletiva 135
Os desafios de formação: preparar para enfrentar a complexidade do mundo 142
Implicações para os sistemas educacionais 154

Conclusão
Uma educação para a complexidade e para a solidariedade como fundamento da democracia 155

Posfácio
A educação para a cidadania em alguns de seus debates 165
François Audigier

Referências 179

Introdução

A escola pode resgatar a cidadania?

Nossas sociedades desenvolvidas não vão muito bem, sem falar da sociedade planetária, que se encontra em estado lastimável: miséria, desnutrição, desigualdades, dominações, exclusões e fundamentalismos diversos, barbáries e regimes totalitários em todos os cantos, guerras, tráficos de armas e de drogas em larga escala, comércio de mulheres e turismo sexual, poluição atmosférica, esgotamento dos recursos naturais.

Nada disso aconteceria, é o que se diz e o que se ouve, se a escola "fizesse o seu trabalho": educar as novas gerações, torná-las "responsáveis", dar-lhes o sentido da comunidade e da partilha, restaurar a proibição à violência.

Quem não desejaria que a escola fosse a redentora dos pecados da sociedade? É preciso lembrar, no entanto, que a escola está *na* sociedade, é fruto dela, é de onde extrai seus recursos. Sua "autonomia relativa" não a torna um santuário à margem do mundo, nem um superego. Não se pode exigir que ela preserve ou inculque valores que uma parte da sociedade vilipendia ou só respeita da boca para fora.

É claro que, em uma sociedade dividida, temos o direito de incitar mais firmemente o sistema educacional a se situar do lado da cidadania e da comunidade, e não do cinismo e do individualismo, a trabalhar para desenvolver uma identidade e competências cidadãs. Não podemos exigir que o faça, além de tudo, sem renunciar a nada.

Se não levar em conta os limites da educação e a variedade de expectativas em relação ao sistema educacional, o hino à cidadania mediante a escolarização é uma *dupla hipocrisia*, um discurso oco, uma forma ilusória de se livrar do problema real do vínculo social e do respeito às regras da vida em comunidade.

A escola somos nós

Um sistema educacional não pode ser muito mais virtuoso que a sociedade da qual extrai sua legitimidade e seus recursos. Se nossa sociedade é individualista, se nela todos vivem fechando os olhos às injustiças do mundo, limitando-se a tirar o corpo fora, é inútil exigir da escola que professe valores de solidariedade que a sociedade ignora ou escarnece no dia-a-dia em suas mídias, em sua vida política, naquilo que se passa nos estádios, nas empresas, nos bairros.

A incivilidade e a violência aumentam. A dramatização midiática, sem dúvida, torna o fenômeno maior do que é, mas ele é real. Não menos real é que:

- o desemprego atinge mais de um quarto, às vezes mais da metade, dos ativos potenciais em certas áreas das grandes cidades e em algumas pequenas cidades;
- muitas pessoas vivem em condições de habitação deploráveis, em cidades-dormitório degradadas, isoladas, sem recursos culturais e nas quais os moradores não se sentem em segurança;
- as desigualdades são gritantes em nossas sociedades, em face da informação, da escola, do trabalho, da saúde, da habitação, da justiça, do tempo livre e até da morte.

Nossas sociedades não dominam nem o desenvolvimento urbano, nem o emprego, nem as desigualdades. Será que é porque não temos nenhum poder sobre esses fenômenos? Ou porque os ricos não querem pagar o preço de uma sociedade mais justa e mais humana?

É hora de parar de se omitir: não se combaterá a violência ou a delinqüência do contrato social fazendo exigências irrealistas à escola, aos assistentes sociais e mesmo à polícia. Se a intenção é combater esses fenômenos, é preciso atacar suas causas.

A análise não é nova, mas os governos que tentam a partir dela *atacar os verdadeiros problemas* deparam-se com a recusa das classes favorecidas, incluídas as classes médias, que preferem mudar de bairro ou contratar vigias a oferecer aos poderes públicos os meios legais e financeiros para uma prevenção, para uma escolarização, para uma inclusão mais efetiva dos jovens dos bairros precários.

Não coloquemos a escola na situação desesperadora dos assistentes sociais, que percebem que os mesmos que os contratam para fazer algo contra a pobreza fabricam-na por outras decisões, em um sistema em que a mão direita ignora comodamente o que faz a mão esquerda. Não se pode envolver a escola no combate pela cidadania se esse combate não se engajar em outras frentes, de forma plausível e coordenada: emprego, imigração, urbanismo, segurança, divisão das riquezas, acesso à saúde, seguridade, relações norte-sul, estatuto das minorias, sistema judiciário e penal, etc.

ENSINAR ALGO MAIS?

Se pretendemos que a escola trabalhe para desenvolver a cidadania, se acreditamos que isso não é tão óbvio nem tão simples, temos de pensar nas conseqüências. Isso não se fará sem abrir mão de algumas coisas, sem reorganizar as prioridades e sem levar em conta o conjunto de alavancas disponíveis: os programas, a relação com o saber, as relações pedagógicas, a avaliação, a participação dos alunos, o papel das famílias na escola, o grau de organização da escola como uma comunidade democrática e solidária.

Portanto, não bastaria substituir a instrução por uma educação moral invasiva, nomeando-a de "educação para a cidadania" para ser moderna. É preciso agir em pelo menos *três registros*:

1. Permitir a cada um construir os conhecimentos e as competências necessárias para fazer frente à complexidade do mundo e da sociedade; muitos alunos saem da escola desprovidos de meios intelectuais para se informar, para formar uma opinião, para defender um ponto de vista através da argumentação.

2. Utilizar os saberes para desenvolver a razão, o respeito à maneira de ser e à opinião do outro. Nada mais simples, aparentemente, pois a vocação dos saberes disciplinares é tornar o mundo inteligível e, assim, ajudar a dominá-lo pela inteligência, não pela violência. Mas o enciclopedismo dos programas contraria esse projeto de emancipação. Para desenvolver a cidadania, é preciso visar a uma *cultura* científica, em vez de uma acumulação de conhecimentos fragmentados; o desenvolvimento de uma postura reflexiva e de uma ética da discussão, em vez da submissão à autoridade da ciência ou do professor; a formação duradoura, em vez do estímulo à "decoreba" para se sair bem nos exames, os quais valorizam a quantidade de conhecimentos restituídos, e não a qualidade de sua apropriação.
3. Consagrar tempo, meios, competências e inventividade didática em um trabalho mais intensivo e continuado sobre os valores, as representações e os conhecimentos que toda democracia, todo contrato social pressupõe.

Assim como a sociedade, a escola diz uma coisa e faz outra. Ela diz que deseja dar a todos uma formação de alto nível, mas não busca os meios pedagógicos para isso. Ela diz que deseja desenvolver a razão, mas vai acumulando as aprendizagens que preparam para os estudos longos. Ela diz que deseja educar, mas passa o tempo todo a instruir.

O problema das contribuições do sistema educacional à democracia não será resolvido com a introdução na grade horária de uma ou duas horas semanais de educação para a cidadania. Nenhum avanço essencial ocorrerá se essa preocupação não for inserida *no cerne das disciplinas*, de todas as disciplinas (Vellas, 1993, 1999).

Talvez a inquietação quanto à cidadania ofereça à escola uma oportunidade histórica de reforçar a democratização do acesso aos saberes e de levar a sério as intuições fundadoras da escola ativa e das pedagogias construtivistas. É preciso aproveitar essa oportunidade e neutralizar os *lobbies* disciplinares e os defensores de futuras elites, que aceitam a educação para a cidadania com a condição de que ela não interfira na preparação para concursos e para a corrida aos estudos superiores.

O debate sobre a educação para a cidadania depara-se com um velho problema: a escolaridade básica está a serviço de todos ou não passa de uma ampla propedêutica para as futuras elites? Os debates contemporâneos sobre a cultura geral, a seleção, os programas orientados para as competências colocam, à sua maneira, o mesmo problema.

PLANO DA OBRA

Este livro não pretende propor uma receita, mas gostaria de compartilhar duas convicções:

- A sociedade é parte do problema e não pode transferir suas responsabilidades para o sistema educacional.
- Este não pode aceitar um mandato mais ambicioso se não obtiver novos meios e, sobretudo, se não deixar claro que não poderá desenvolver fortemente a cidadania sem reorganizar as prioridades da formação básica.

Os textos reunidos aqui procuram colocar as ferramentas da análise sociológica a serviço de uma visão da cidadania que se enraíze claramente em uma escolha política. Caberá a cada um encontrar pontos de concordância e de discordância. O que me interessa é contribuir para a reflexão e talvez para uma ruptura com a ladainha sobre a cidadania após a qual cada um volta a se dedicar às suas ocupações, como se nada tivesse acontecido.

O Capítulo 1, "Aprendizagem da cidadania... das boas intenções ao currículo oculto", tenta esclarecer o conceito de cidadania em uma sociedade contemporânea, dividida entre nacionalismo e consciência planetária (Morin, 2000), na qual o pluralismo e o individualismo reduzem continuamente os valores comuns, aqueles que a escola poderia ter a missão de inculcar com segurança e legitimidade. Não se pode exigir da escola um adestramento de espíritos e de corpos incompatível com os valores democráticos, assim como a defesa de valores que, na prática, a sociedade vilipendia à vista de todos.

Supondo-se que a escola pode tudo, ela não teria como assegurar a educação para a cidadania por meio de uma disciplina específica, uma ou duas horas de "catecismo cidadão" perdidas na grade horária. O conjunto do currículo está em jogo. De que serve ensinar o respeito, a tolerância, a cooperação se o sistema educacional pratica a segregação, a humilhação ou a competição? O currículo real é função do conjunto das experiências formadoras engendrada pela vida na instituição escolar no seu dia-a-dia. A educação para a cidadania é, portanto, um problema de todas as disciplinas, de todos os momentos da vida escolar. Ela encontra seu nicho na relação pedagógica, no respeito às diferenças e à esfera privada dos alunos, na avaliação, no sistema de aprovação, na seleção, na relação com as famílias, mas também no estatuto do questionamento e do debate em aula, na relação com o saber privilegiado por este ou por aquele professor, no tempo reservado para negociar com os alunos os conteúdos, as modalidades e a organização do trabalho escolar. De que serve instituir um conselho representativo dos alunos se ele só pode participar de discussões sobre bicicletas ou sobre o fumo no estabelecimento, se o essencial da ação pedagógica não é negociável?

Em síntese, o Capítulo 1 mostra que, se não queremos ficar apenas nas palavras, desenvolver a educação para a cidadania tem fortes implicações para os programas, para as relações e para os modos de vida e de decisão no âmbito escolar.

O Capítulo 2, "O debate e a razão: cidadania e saberes", insiste em uma visão menos ingênua e menos marginal da educação para a cidadania. Esta conduz a situá-la no cerne das disciplinas, consideradas como o lugar de exercício intensivo da aprendizagem da razão, do respeito aos fatos, da prudência, da argumentação, da escuta, da busca paciente de um acordo sobre o que se deve pensar sobre o mundo. A ciência não é suficiente para garantir a democracia; há pensadores loucos e cientistas que se vendem a quem oferecer mais. Entretanto, desenvolver a ética da busca e da discussão continua sendo a melhor aposta em um mundo onde o argumento de autoridade pesa cada vez menos, onde as pessoas instruídas querem compreender e ser convencidas por um raciocínio explícito, por observações, pelo respeito a um método.

Para que as disciplinas coloquem-se a serviço da cidadania, da aprendizagem do debate e da razão, é preciso parar de sobrecarregar os programas, assegurando aos professores e aos alunos o direito e o tempo necessários à construção conjunta de uma parte dos saberes para debater, para confrontar várias hipóteses e para encontrar os melhores caminhos. Não se avalia até que ponto o enciclopedismo dos programas priva os saberes escolares – nem teóricos, nem práticos, segundo Astolfi (1992) – da história das ciências, da controvérsia própria à pesquisa, desferindo-os como verdades absolutas a alunos que estão mais preocupados com os exames do que em adquirir conhecimentos que lhes sirvam como ferramentas de inteligibilidade do mundo. Como se vê, a educação para a cidadania tem a ver com as pedagogias ativas e construtivistas, com a didática das disciplinas, com a relação com o saber. Não há nenhuma razão para confiná-la a uma educação moral que, por sua vez, só teria sentido se houvesse um amplo consenso a propósito do que fazer ou não fazer. Hoje, o que mais necessitamos é de uma ética, de uma capacidade de raciocínio fundada nos saberes, particularmente nos saberes provenientes das ciências econômicas, sociais e humanas, que ainda são os primos pobres do currículo.

O Capítulo 3, "Ciberdemocratização: as desigualdades reais diante do mundo virtual da internet", aborda o problema de um ângulo que pode parecer marginal, embora esteja no cerne do problema: em uma sociedade complexa, a cidadania passa por meios intelectuais, aqueles que são necessários para conceber as condições do contrato social, da reciprocidade, da responsabilidade, da solidariedade, mas também aqueles que permitem participar das decisões e, portanto, compreender os desafios e defender um ponto de vista ou de interesses.

A internet está mudando a escala dos fenômenos nas áreas científica, comercial, midiática e também na política; não tanto porque todos os candidatos às diversas eleições dispõem agora de um *site* na *web*, nem tampouco porque o fórum de discussão passa a ser continental ou planetário, no sentido de que hoje é difícil cortar um país do resto do mundo, como constatam os regimes totalitários. Não, o efeito político mais importante passa pelo acesso desigual às informações e pelo domínio desigual de seu sentido e de suas implicações.

Mais cedo ou mais tarde, todos aprenderão a "navegar" na internet ou a se corresponder por correio eletrônico do mesmo modo que todos, ou quase todos, aprenderam a falar por telefone. A desigualdade não está no uso básico da ferramenta, mas na complexidade daquilo a que se tem acesso através dela, em geral de forma desordenada. Potencialmente, todos têm acesso às informações estratégicas que se encontram na Internet; porém, elas são reservadas não apenas aos que sabem ler, comparar, registrar, encontrar informações, mas também aos que dispõem dos saberes necessários para julgar sua confiabilidade e sua pertinência, para fazer melhor uso dela. Não basta colocar cada aluno diante de um computador conectado à *web* para que se restabeleça a igualdade dos cidadãos. A internet é um excelente indicador das desigualdades intelectuais mais clássicas, além de um agravante de suas conseqüências.

O Capítulo 4, "Competências, solidariedade, eficácia: três áreas de exploração para a escola", atribui alta prioridade a três áreas de exploração complementares que estão diretamente relacionadas à cidadania.

É evidente que certas *competências* são condições para o exercício lúcido e responsável da cidadania. Os saberes não bastam; é preciso aprender a utilizá-los para enfrentar a complexidade do mundo e para tomar decisões, ou seja, para operar sua transferência, sua mobilização e sua contextualização tão seriamente quanto sua assimilação.

Desse ponto de vista, as reformas curriculares que estão sendo empreendidas na Bélgica, no Brasil, no Canadá ou em Portugal, por exemplo, são favoráveis à cidadania, desde que, naturalmente, a linguagem das competências não seja uma simples concessão ao espírito do tempo e a transposição didática refira-se a práticas sociais, entre as quais as práticas cidadãs. É preciso salientar que isso não conduz, de modo algum, a abandonar os saberes disciplinares, mas a *concebê-los como ferramentas* para compreender e dominar a realidade, e não como bases para os estudos superiores.

A *solidariedade* é um componente da cidadania. Aquele que não se sente tocado pelo que acontece com os outros não tem nenhum motivo para desenvolver seus saberes e suas competências cívicas; vale mais a pena preparar-se para sobreviver na selva. Não existe comunidade democrática sem um mínimo de solidariedade, quer ela nasça de um simples cálculo, quer ela repouse sobre valores humanos. O contrato social é, antes de tudo, um contrato: um *arranjo* satisfatório para as diversas partes, cada uma se preocupando legitimamente com seus próprios interesses, mas com visão e senso estratégico bastante amplos para compreender que a reciprocidade, a médio prazo, é uma vantagem, ainda que imponha obrigações.

Quanto à *eficácia* do sistema educacional, ela é a chave de tudo. Enquanto 20% dos jovens deixarem a escola confusos com a língua escrita e com os saberes escolares essenciais, a cidadania estará ameaçada. Um nível elevado de instrução de todos não garante por si só a democracia, mas é uma condição necessária.

O Capítulo 5, "As competências a serviço da solidariedade", aprofunda a questão dos conhecimentos e das competências necessários para ajudar a tornar o mundo mais solidário. Três desafios de formação são identificados. O primeiro, "erigir a solidariedade como valor e princípio ético", parte do princípio de que a solidariedade não é tão óbvia nem tão simples, mas uma conquista contra a tentação do "Eu em primeiro lugar". O segundo desafio, "compreender a solidariedade como base do contrato social", diz que ela só pode ser o resultado de um raciocínio complexo, que recupera os fundamentos racionais de uma limitação das dominações e das desigualdades como condição da vida coletiva. O terceiro desafio é mais pragmático: somente uma visão angelical do mundo levaria a crer que os ricos estão dispostos a compartilhar seus privilégios. Portanto, trata-se também de aprender a lutar para ampliar a solidariedade.

O Capítulo 6, "A chave dos campos: ensaio sobre as competências de um ator autônomo", aborda um componente fundamental da cidadania: a formação de atores autônomos. Quando se procura ir além das abstrações, quando se faz referência não mais à idéia de autonomia, mas à de práticas de autonomização em campos sociais diversos, chega-se a saberes e a habilidades muito concretos, como os que permitem: a) identificar, avaliar e fazer valer seus recursos, seus direitos, seus limites e suas necessidades; b) criar e implementar projetos, sozinho ou em grupo, assim como desenvolver estratégias; c) analisar situações, relações, campos de força de modo sistemático; d) cooperar, agir em sinergia, participar de um grupo, compartilhar uma liderança; e) construir e promover organizações e sistemas de ação coletiva de tipo democrático; f) gerir e superar os conflitos; g) manejar as regras, utilizá-las e elaborá-las; h) construir ordens negociadas para além das diferenças culturais.

A hipótese fundamental é que somente atores autônomos podem construir uma cidadania viável, conduzir negociações que permitam conciliar diferenças e eqüidade, bem público e projetos pessoais.

O Capítulo 7, "Fundamentos da educação escolar: desafios de socialização e de formação", examina de forma mais metódica as duas grandes missões da escola, procurando relacioná-las e harmonizá-las.

Para desenvolver a autonomia e a cidadania, a escola precisa de professores que sejam pessoas confiáveis, mediadores interculturais, coordenadores de uma comunidade educativa, fiadores da Lei, organizadores de uma pequena democracia, condutores culturais e finalmente intelectuais. Essas qualidades só se revelarão se forem explicitamente buscadas e desenvolvidas na formação dos professores.

Ao mesmo tempo, se a escola pretende preparar os jovens para enfrentar a complexidade do mundo com seus conhecimentos e suas competências, ela deveria privilegiar a figura do professor como organizador de uma pedagogia construtivista, garantia do sentido dos saberes, criador de situações de aprendizagem, gestor da heterogeneidade e regulador de processos e de percursos de formação.

Essas duas figuras são complementares e deveriam orientar na mesma proporção a formação dos professores.

Uma breve conclusão, "Uma educação para a complexidade e para a solidariedade como fundamento da democracia", examinará as relações entre a escola e a democracia, mostrando que esta última é ameaçada não apenas pelos desvios, pelas incivilidades e pelas violências cometidas pelos indivíduos, como também pelas reações de segurança que provocam essas agressões e, o que é mais grave, pela tentação por parte de vários países de retornar a um regime autoritário, ou mesmo fascista, para enfrentar o medo e a precarização da vida e do trabalho. É preciso considerar seriamente a hipótese de que as transgressões e as violações ao contrato social que alimentam o debate sobre a cidadania nada mais são do que sintomas de uma sociedade cada vez mais dual em um cenário de globalização e de reestruturações econômicas brutais.

Será que o mundo é governado por algumas multinacionais, por alguns impérios militar-industriais, por alguns países totalitários dispostos a tudo, por algumas redes mafiosas ou terroristas? O fato de se poder colocar seriamente essa questão enfatiza os limites da democracia e o risco de fazer da educação para a cidadania um novo ópio do povo, uma forma de calar aqueles que denunciam a globalização e que opõem à violência midiatizada dos bairros desfavorecidos a violência maior, ainda que seja mais silenciosa, do mundo econômico, a violência das demissões, das concentrações industriais ou bancárias, das "leis de mercado", da exploração dos países do Sul, do apoio a regimes ditatoriais para garantir o acesso ao petróleo e às matérias-primas.

Enfim, e isto é um convite ao leitor, temos de nos perguntar se a educação para a cidadania está à altura dos múltiplos descaminhos que ameaçam nossas frágeis democracias.

1
Aprendizagem da cidadania... das boas intenções ao currículo oculto*

Há algo que se possa fazer para implantar a aprendizagem da cidadania nos ensinos fundamental e médio? Antes de sobrecarregar o programa de educação inicial e continuada dos professores com novas missões, seria prudente responder a algumas perguntas:

1. Do que se trata? De que aprendizagem estamos falando? A cidadania é uma questão de atitude, de saberes, de competências, de valores, de identidade? Tudo isso ao mesmo tempo? E mais ainda?
2. Onde e como se aprende a cidadania? Que parcela cabe à educação deliberada e à socialização implícita?
3. Será que hoje a escola tem um papel nisso, consciente ou involuntariamente, por meio do ensino ou do currículo oculto?
4. Poderia haver um maior domínio pedagógico e didático sobre essa aprendizagem? Por quais caminhos? O ensino? A educação? A vida escolar? A organização da sala de aula e do estabelecimento escolar? A relação pedagógica?
5. Que atitudes, saberes, valores e competências isso exigiria dos professores?
6. Pode-se formar nesse sentido? Onde e como?

---

* Publicado em Gracia, J.-C. (dir.). *Éducation, citoyenneté, territoire*. Actes du séminaire de l'enseignement agricole. Tolouse: ENFA, 1997, p. 32-54.

Essas perguntas questionam igualmente as finalidades da escola, os programas, o papel dos professores e a transposição didática para além dos saberes.

Ao fazê-las, inevitavelmente se levará mais tempo para obter respostas seguras. Não fazê-las condena a sucumbir aos efeitos do modismo.

A CIDADANIA: DE QUE APRENDIZAGEM ESTAMOS FALANDO?

Será que se trata de aprender que todos pertencem a uma coletividade organizada, a uma nação? Que existem direitos e deveres? Que cada um está ligado aos outros membros por uma lei comum, expressão da vontade geral? Que existem, além do conhecimento de valores comuns, leis e instituições – instrução cívica elementar –, uma obrigação de solidariedade, um contrato de coexistência pacífica, a busca constante de um justo equilíbrio entre liberdade e responsabilidade, entre autonomia e ingerência? A cidadania é tudo isso? Do que estamos falando exatamente?

A palavra, um pouco fora de uso, acaba de ser adaptada ao gosto da moda. O que ela significa? Para *Le Robert*, a cidadania é *"a qualidade de cidadão"*, sendo este último *"na Antiguidade, aquele que pertence a uma nação, reconhece sua jurisdição, está habilitado a usufruir, em seu território, do direito de cidadania e tem de cumprir os deveres correspondentes"*. Nos tempos modernos, o sentido evoluiu e a palavra cidadão designa uma pessoa *"considerada como pessoa cívica"*. Caminha-se em círculo, muitos diriam. Não, porque se, antes de 1781, cívico significa simplesmente "relativo ao cidadão", esse conceito em seguida muda de sentido, passando a significar *"próprio ao **bom** cidadão"*.

Dessa passada pelo dicionário, o que se retém de mais importante, do ponto de vista da educação, é que ser cidadão constitui um *estatuto* ao qual estão associados direitos e deveres, definidos no âmbito de uma *nação* como organização da vida comum; para ser cidadão, nesse sentido, era preciso conhecer a Constituição, as leis, as instituições. Para respeitá-las, era preciso ainda aderir aos valores e às convicções em que se fundamentavam. Assim, a cidadania não era uma obrigação. Podia-se viver *sem ser cidadão*. Esse era o estatuto mais cobiçado, não o único possível. Herdamos a cidadania de uma época em que não se concebia que todos fossem cidadãos, ao contrário. A democracia antiga limitava-se ao círculo restrito dos cidadãos, ninguém desejava ampliá-lo por uma preocupação de igualdade.

A Revolução Francesa mudou completamente os termos do problema ao pretender transformar cada um em cidadão integral. Desde então, não é mais um privilégio ou uma verdadeira escolha. A cidadania é outorgada automaticamente na idade da "maioridade civil", inicialmente aos homens autóctones, depois às mulheres e aos residentes, com uma tendência ao rebaixamento da idade limite! Ela não pode ser recusada e só é retirada em caso de grave infração à lei comum. Além disso, a perda dos direitos civis é reversível.

Assiste-se, desde então, a uma inversão de perspectivas: se antes a cidadania só era outorgada aos que davam garantias suficientes de civismo, agora é preciso preparar para ser *bons* cidadãos todos aqueles que se tornarão "simples cidadãos" sem nada terem pedido. Quanto mais o círculo se amplia às classes populares e às pessoas nascidas em outros lugares, aparentemente menos se confia em sua educação familiar. Daí o desafio de instrução e de socialização que ultrapassa a família e está na origem da educação cívica confiada à escola. No âmbito do Estado-Nação, que supostamente agruparia os cidadãos, a escola é encarregada de formá-los para esse papel, sendo inclusive o motor principal de sua extensão ao século XIX.

Não é disso que se fala hoje quando se fala de educação para a cidadania? Esta não seria apenas uma expressão nova para rebatizar um projeto de instrução e de educação tão antigo quanto a escola obrigatória?

Por que essa expressão nova? Podemos sugerir *três hipóteses* complementares. A expressão "educação para a cidadania" serviria para:

- revigorar uma educação moral e cívica tradicional, que ficou um pouco em desuso durante décadas, dando-lhe uma nova denominação;
- designar uma nova concepção da cidadania, mais formal, mais ética, mais ativa, mais planetária;
- enfrentar uma *crise* da cidadania, anunciada ou atual.

A hipótese da crise é evidentemente apoiada pelo discurso ambiente sobre o enfraquecimento do vínculo social, a violência urbana, o racismo e as condições precárias de vida das periferias. Longe de ser o baluarte esperado, a própria escola teria sido tomada pela desordem e pela violência. Contra as análises um pouco estreitas das mídias, as ciências sociais mostram que, freqüentemente, a violência dos alunos nada mais é do que uma resposta à situação da sociedade que os estigmatiza (Debarbieux, 1990; Defrance, 1992, 1993; Pain, 1992; Nizet e Herniaux, 1985). Em *É para seu bem*, Alice Miller (1984) já havia identificado as raízes da violência na educação da criança. O contrato pedagógico e o contrato didático são impotentes para reconstituir um contrato social mais global, porque eles o pressupõem (Develay, 1996; Meirieu, 1996b).

Mesmo que isso seja verdade, não se pode negar também que as sociedades contemporâneas enfrentam exigências cada vez maiores. Hoje a questão é promover a coexistência em uma sociedade de pessoas pertencentes a diferentes etnias, nacionalidades e culturas, que não falam a mesma língua, que não têm os mesmos valores e os mesmos modos de vida. Ao mesmo tempo, o respeito às diferenças avançou e o aparelho estatal não tem mais como enquadrar todos no mesmo molde cívico. Se há um molde, ligado à produção e à comunicação de massa, este se organiza no mundo do trabalho, do consumo e do lazer, e não da participação para a vida coletiva. As fronteiras tornam-se tênues, os continentes organizam-se, a aldeia planetária torna-se uma realidade.

O Estado-Nação não é mais hoje em dia o *"locus of control"* da sociedade civil. Foi-se o tempo em que as comunidades políticas eram mais fechadas e dispunham dos meios de controle dos espíritos e dos comportamentos que o Estado atual já não possui, pelo menos nas democracias. Esse enfraquecimento do controle dos espíritos decorre, em parte, do êxito do projeto de instruir: o nível de educação não permite mais doutrinar as massas; o Papa diz uma coisa e os Católicos fazem outra; o chefe de Estado dirige-se a todos pela televisão, mas é uma voz entre outras, entre dois comerciais, concorrendo com um *talk show* ou com um jogo em outros canais.

Hoje sonhamos com uma cidadania livremente assumida, sem doutrinação. Por muito tempo, a instrução cívica confundiu-se com a interiorização intensiva e pouco crítica de alguns princípios morais e com a preocupação de desenvolver um respeito incondicional às instituições, ao trabalho, à família, à lei, acompanhado de uma identificação com a pátria, com uma visão muito nacionalista da história e da geografia, com uma adesão ao colonialismo e, em certa medida, com o racismo e com o desprezo por outras culturas. Até os anos 1930-1940, os manuais de leitura, assim como os de instrução cívica, eram *catecismos* mais ou menos laicos, dependendo do grau de separação da Igreja e do Estado. Após a Segunda Guerra Mundial, iniciou-se uma evolução, ligada, sem dúvida, à descolonização e ao enfraquecimento – relativo – do etnocentrismo dos países ocidentais.

A sensibilidade moderna fala de direitos humanos, de livre-arbítrio, de espírito crítico, de direito dos povos à autodeterminação, de igual dignidade de raças, de culturas, de religiões e de modos de vida; defende uma igualdade e uma civilização planetárias. A escola é um dos lugares aos quais se delega essa visão *idealista* da cidadania, e o pessoal do ensino contribui para isso. A educação para a cidadania está fortemente associada a uma nova concepção da sociedade civil. Ela emana do Estado, mas o toma como objeto. Assim, nos novos programas para as séries finais do ensino médio, no capítulo "Educação cívica", podemos ler:

> Nesse ciclo, os alunos tomam consciência de que os princípios e os valores fundamentais são constitutivos da democracia. Eles descobrem que as instituições não esgotam os valores, que o direito, quando busca

concretizá-los melhor, não satisfaz às aspirações dos homens por mais justiça, mais igualdade, mais liberdade. E é isso que explica as tensões existentes entre o Estado como fiador do direito e a consciência humana, ela mesmo sendo garantia de sua liberdade de exercício em um regime democrático; que mostra também a distância existente entre os valores e a realidade; que permite, enfim, compreender o papel, paralelo ao do Estado, dos cidadãos, das associações ou das organizações não-governamentais na efetivação dos valores. O exercício do espírito crítico e a prática da argumentação são privilegiados nas ações pedagógicas (Direction des Lycées et Collèges, 1997, p. 45).

Falsidade e demagogia, dirão os mais céticos, esperança de um mundo melhor, dirão os idealistas. Mas, de fato, os programas mudaram e já não são mais utilizados – ou pelo menos não tão abertamente como antes – a serviço da formação de uma cidadania dócil. Em 1968, um texto como esse poderia ter emanado de uma corrente alternativa contrária ao Estado...

Como revelou Martucelli, a escola nunca foi tão democrática; jamais, na história, ela tratou tão bem as crianças. Isso nos parece normal em relação ao nosso sentimento da infância e às concepções da educação influenciadas por correntes que, de Rousseau ao construtivismo, passando pelos movimentos da escola nova, fazem da criança uma pessoa plena, que tem direitos e pensa por ela mesma. Portanto, somos sensíveis às contradições entre nossos valores e ao fato de ainda existirem crianças maltratadas e alunos perseguidos ou petrificados por medo de punições. Isso não impede de ver que, ao longo dos anos, a instrução abriu-se mais ao diálogo e passou a respeitar mais os alunos, e a vida escolar tornou-se mais participativa e menos fechada em um jugo de regras apoiadas em um enorme aparato repressivo. Que o retorno da regra e da repressão não nos iluda: *foram os adultos que criaram os problemas que hoje eles denunciam*. Eles constituíram a infância e a adolescência em idades protegidas. Desenvolveram os direitos e abrandaram as obrigações e as sanções. E parecem arrependidos. A educação cívica foi, por muito tempo, assim como o conjunto da instrução escolar, uma violência simbólica assumida mais ou menos abertamente, com castigos corporais considerados legítimos, punições muito pesadas, zeros de comportamento, suspensões, expulsões, tudo sem procedimentos de recurso. Atualmente, não existe mais a instituição todo-poderosa; a escola agora é regida pelo direito civil, deve respeitar a esfera privada das pessoas, seu direito de expressão, de livre associação. Um professor que bate, insulta ou humilha um aluno pode ser processado. Portanto, hoje não se trata mais de uma educação para a cidadania com base no modelo eclesiástico ou militar. Aliás, em nossos dias, mesmo os seminaristas ou os recrutas têm direitos...

É fácil afirmar que a cidadania está "em queda livre'" ou "em crise" e que após exclamar *"Mas o que faz a polícia?"* diga-se *"Mas o que faz a escola?"*. Seria justo reconhecer que a concepção da cidadania mudou e, com isso, mudaram também os meios legítimos de educar e de instruir. Sempre que alguma coisa parece "degradar-se", temos de nos perguntar se a realidade mudou ou se foram nossas expectativas que aumentaram. Atualmente, estigmatiza-se a ignorância em sociedades nas quais o nível de instrução é o mais elevado da história. Pode ser também que em matéria de cidadania *nossas expectativas mudem mais rápido do que os comportamentos*, o que nos levaria a ver uma degradação absoluta onde ela é apenas relativa.

Daí a considerar a escola responsável por essa degradação é um passo. Contudo, ela procurou isso: por força de pretender preparar-nos para tudo, encerrando-nos em suas salas de aula por 10 a 20 anos de nossas vidas, ela cria expectativas ilusórias e autoriza a atribuir-lhe todos os problemas que a sociedade não consegue resolver. Essa análise, porém, é um pouco apressada.

ONDE E COMO SE APRENDE A CIDADANIA?

A escola não é um Estado dentro do Estado, mesmo que se reconheça sua "autonomia relativa". Por isso, não se pode imputar a ela, sem qualquer outra forma de processo, uma eventual crise da educação cidadã.

Charles Péguy escreveu em 1904:

> A crise do ensino não é uma crise do ensino; não há crise do ensino; jamais houve crise do ensino; as crises do ensino não são crises do ensino; elas são crises de vida; elas denunciam, elas representam crises de vida e elas próprias são crises de vida; elas são crises de vida parciais, eminentes, que anunciam e acusam crises da vida geral; ou, se preferirmos, as crises de vida gerais, as crises de vida sociais agravam-se, misturam-se, culminam em crises do ensino que parecem particulares ou parciais, mas que, na realidade, são totais, porque representam o conjunto da vida social; é de fato no ensino que as provas eternas aguardam, por assim dizer, as mutantes humanidades; o resto de uma sociedade pode passar, falsificado, maquiado; o ensino não passa em absoluto; quando uma sociedade não pode ensinar, não é, de modo algum, porque lhe falta eventualmente um aparelho ou uma indústria; quando uma sociedade não pode ensinar, é porque essa sociedade não pode ensinar-se, é porque ela tem vergonha, é porque ela tem medo de ensinar a si própria; para toda a humanidade, ensinar, no fundo, é ensinar-se; uma sociedade que não ensina é uma sociedade que não se ama, que não se estima; e esse é justamente o caso da sociedade moderna (publicado em 11 de outubro de 1904, em uma espécie de editorial intitulado "Para a volta", retomado em Charles Péguy, Cahiers VI, II,

Oeuvres en prose, La Pléiade II, p. 1.390, citado por Jacques Julliard, em *Le Nouvel Observateur*, n. 1.357, 8-14 novembro 1990, p. 61).

"Quando uma sociedade não pode ensinar, é porque essa sociedade não pode ensinar-se; é porque ela tem vergonha, é porque ela tem medo de ensinar a si mesma". Frase terrível, mas que talvez seja a chave do problema: por que exigir que a escola seja mais virtuosa do que a sociedade que ela expressa? Isso não é apenas injusto, é absurdo.

A tese de Péguy, entretanto, padece de ingenuidade sociológica: a sociedade não é uma pessoa, é um campo de forças contraditórias. Uma sociedade não pode globalmente ter vergonha dela mesma, a não ser que forme um bloco. Em uma sociedade pluralista, coexistem todos os tipos de sentimentos, da plena adesão, mais ou menos interessada, à ordem estabelecida, à revolta explícita. Todavia, todos podem sentir vergonha *de* sua sociedade ou *por* sua sociedade, o que não os leva a transmitir seus valores dominantes.

Uma sociedade pluralista tem necessariamente mais dificuldade de ensinar do que uma escola monolítica. Ela tem de enfrentar *escolhas difíceis*:

- ou ela autoriza que cada comunidade "se ensine" em circuito fechado, em uma rede educacional e escolar específica, o que, com o tempo, ameaça a sociedade global de fragmentação ou de balcanização;
- ou ela delega à escola a missão de transmitir valores, gostos, princípios éticos que estão longe de constituir unanimidade, impondo a todos as orientações do partido no poder;
- ou ela só ensina o que é objeto de um consenso muito amplo em seu interior, isto é, poucas coisas, alguns valores compartilhados, o respeito às suas diversidades, aos direitos humanos e ao princípio democrático.

Aquilo que Péguy interpreta como "medo de ensinar a si mesma" talvez seja simplesmente o reverso de uma oscilação-hesitação entre esses três caminhos, nenhum deles satisfatório:

- o primeiro, porque ameaça a própria unidade da sociedade civil e produz guerras ou secessões;
- o segundo, porque afasta a escola de uma posição de neutralidade em relação aos diversos valores e ideologias que coexistem no seio de uma sociedade;
- o terceiro, porque permanece no plano abstrato e não prepara verdadeiramente para enfrentar a complexidade do mundo.

Deve-se aceitar o uso do véu? Proibir os partidos racistas ou antidemocráticos? Flexibilizar a obrigação de ir à escola? Impor a detecção da Aids? Tolerar as manipulações genéticas? Descriminalizar certas drogas? Autorizar o aborto ou a eutanásia? Impor certas vacinações ou tratamentos em nome do bem comum? Intervir nas guerras civis de países próximos? Autorizar a prostituição? Controlar a internet? O respeito à diversidade, aos direitos humanos e ao princípio democrático não é a resposta para tudo no mundo de hoje, pois a interpretação de princípios pode ser objeto de debates infindáveis. Uma educação cívica asséptica não ajuda muito a enfrentar os dilemas do mundo contemporâneo. Uma educação cívica engajada, qualquer que seja a sua inspiração, é recebida como doutrinação por uma parte das famílias...

Sem ter necessariamente vergonha daquilo que ela é, nossa sociedade já não sabe muito bem em que acreditar e o que deve transmitir sem reservas, não por falta de convicção em cada um, mas pela inexistência de convicções compartilhadas em larga escala. Talvez não se tenha percebido com clareza suficiente o paradoxo da democracia: ela priva de certezas morais e filosóficas simples, que se poderia considerar como "evidentes". As sociedades fundamentalistas ou totalitárias são menos vacilantes quando se trata de ensinar a si mesmas, mas a que preço? Péguy, de certa maneira, sonha com uma ordem antiga, ultrapassada. Essa nostalgia não desapareceu e inspira uma parte das lamentações atuais.

Em compensação, esse autor tem plena razão quando lembra que a escola não pode salvar a sociedade. Mesmo que a escola dedicasse a maior parte do tempo de estudo a educar para a cidadania, como ela poderia contrabalançar o que as pessoas vêem diariamente à sua volta e na televisão? Liberdade, igualdade, fraternidade: essas palavras figuram no frontão da República e no programa da escola. Ora, o que se vê?

- A *liberdade*, componente maior dos direitos do homem, é também, de maneira geral, a da raposa no galinheiro, a dos poderosos, dos que fazem a lei ou dispõem dos meios para contorná-la legalmente. Liberdade de especular, de poluir, de comercializar armas, drogas, sexo, muitas vezes impunemente, graças a falhas na legislação ou no sistema policial e judiciário.
- Vivemos em uma sociedade tão ávida de *justiça* quanto impregnada de desigualdades, e algumas continuam agravando-se: desigualdades sociais diante da educação, da justiça, do trabalho, da saúde, do consumo, da participação nas decisões; desigualdades persistentes entre os sexos, entre as classes sociais, entre as nacionalidades e as nações.

- O que é a *fraternidade* na desigualdade? E como acreditar que somos todos irmãos quando as agressões de uns a outros eclodem nas mídias: delinqüência econômica, fraude fiscal, tráfico de influência, uso indevido de bens sociais, desvio de recursos, reestruturações industriais decididas em outro país, transformações tecnológicas brutais, demissões em massa, atentados à integridade das pessoas, violências sexuais, discriminações religiosas e raciais, arbitrariedades da polícia, terrorismo, intolerância de seitas, ressurgimentos dos ódios de extrema direita, exploração das crianças, dos imigrantes, do Terceiro Mundo?

Evidentemente, é fácil esboçar um retrato apocalíptico de nossa época. Como contraponto, também podemos exaltar os progressos da ciência, a ampliação progressiva dos direitos da pessoa, o engajamento humanitário de alguns, a criação artística. Podemos lembrar ainda que os países "relativamente democráticos" são bastante minoritários no mundo, que em outros lugares é bem pior: guerras locais ou civis, fome, genocídios, catástrofes ecológicas, torturas, polícias políticas, ditaduras sanguinárias, novos fascismos, máfias, clãs e tribos que desdenham totalmente do bem público, fundamentalismos obscurantistas, castas privilegiadas protegidas atrás de seus muros, contas na Suíça alimentadas com a miséria dos povos, desvio da ajuda ao desenvolvimento, campos de concentração e outros *gulags*. Sem dúvida, atualmente é melhor viver na França do que na Bósnia, no Zaire ou na China. É preciso admitir, no entanto, que na *aldeia planetária* é absurdo pretender ignorar o que se passa fora de nossas fronteiras e é insustentável sugerir que nada temos a ver com isso. Entre a não-ingerência nas guerras que ainda ameaçam a ex-Iugoslávia e o imperialismo político, econômico e cultural que sucedeu o colonialismo, as sociedades mais desenvolvidas têm uma enorme responsabilidade sobre os conflitos que assolam outras regiões do planeta.

Não é preciso enegrecer o quadro. Podemos até admitir que, sob certos aspectos, se a comparação tem sentido, há mais liberdade, igualdade e fraternidade nas sociedades democráticas do que jamais houve na história. Que a violência, as injustiça, a discriminações sejam menores do que nunca, isso interessa aos historiadores, mas os contemporâneos não vêem a evolução, eles assinalam que isso está em contradição flagrante com os ideais proclamados hoje. Na Idade Média, liberdade, igualdade e fraternidade não eram valores afirmados, e a organização feudal não pretendia uma comunidade democrática. Em nossos dias, o que incomoda, mais do que os fatos – tão velhos quanto a vida em sociedade –, é sua distância de nossa visão ideal da humanidade.

Será que as boas almas que denunciam os vícios e as contradições de nossa época e que impõem à escola a moralização da sociedade procuraram saber:

1. Por que a escola seria mais virtuosa, menos permeada de diferenças e contradições que o conjunto da sociedade?
2. Como ela poderia transmitir valores que são desmentidos dia após dia na família, na rua, nas empresas, nas mídias?

"É preciso compartilhar, respeitar o outro, ajudar-se mutuamente", diz o professor. "Mas então por que tem gente que morre de fome, que não tem trabalho, que padece na solidão, que vive na miséria ou que vai para a prisão por seus ideais?", dizem os alunos. Como responder a isso? Que há ovelhas negras em todos os rebanhos? É um pouco simplista, comparado com as chamadas dos jornais da TV.

Em suma, a reflexão sobre a cidadania e sua aprendizagem não pode ser fruto do pensamento mágico, mas é preciso *admitir as contradições de nossas sociedades* e *não esperar que a escola as assuma sozinha*. No jogo de polícia e ladrão, todos os ladrões descobertos antes de alcançar o objetivo são "pegos", mas eles têm uma esperança: se o último ladrão chegar ao objetivo sem ser preso, pode "salvar o bando". No jogo da sociedade, a escola não pode "salvar o bando". Ela só pode dar andamento, por seus próprios meios, às intenções e às estratégias educativas da sociedade. Péguy estava certo: temos de trabalhar sobre as crises da sociedade antes de denunciar as carências da escola ou de jogar em suas costas novas missões impossíveis.

Dessa análise, eu não concluiria pela total impotência da escola. Se ela é permeada pelas mesmas contradições que a sociedade, isso significa que também abriga forças favoráveis aos direitos, à justiça, aos princípios de liberdade, de igualdade e de fraternidade. Resta saber o que ela pode fazer, que poder ela tem, concretamente.

O QUE A ESCOLA PODE FAZER?

Se ensinamos "o que somos", segundo uma fórmula que convém tanto à educação quanto à sociedade, o primeiro recurso da escola seria o grau de cidadania dos *professores*. Será que o profissional do ensino é mais cívico, desinteressado, idealista e preocupado com o bem público do que a média dos adultos contemporâneos? Quanto a isso, não temos dados concretos, apenas suposições. A escola está associada historicamente à construção de Estados democráticos, à libertação do homem pelo saber e pela razão, à valorização do pensamento e da expressão, do debate contraditório, do respeito ao método e aos fatos, da assimilação do patrimônio cultural. Se os professores de hoje escolheram esse ofício em razão de uma afinidade com esses valores, é possível que se encontre nos estabelecimentos escolares um pouco mais de partidários dos direitos humanos e dos ideais humanitários do que em outros lugares; portanto, mais pessoas confiáveis para desenvolver a cidadania, pessoas pouco suspeitas de praticar o "Faça o que eu digo, não faça o que eu faço".

Se fosse para relativizar essa tese otimista, seria o caso de pinçar esses professores pedófilos, sádicos ou racistas, ou ainda envolvidos em atividades ilícitas ou em movimentos antidemocráticos. Considerar que o pessoal do ensino não é *ipso facto* mais virtuoso que os outros não significa dizer que seja menos! Basta reconhecer que, de maneira geral, o ensino é apenas um *job* entre outros e que a virtude daqueles que o exercem provavelmente deve-se mais ao fato de pertencerem às classes médias do que à sua vocação pedagógica *stricto sensu*.

Hoje as classes médias encontram-se em uma posição moral relativamente confortável. Elas gozam de privilégios, mas não têm de sujar as mãos diretamente para mantê-los, pois não estão nos comandos. Não são as classes médias que decidem as demissões em massa ou a não-produção de um medicamento mais eficaz ou de uma tecnologia promissora para não perder mercado. Não são as classes médias que apóiam certas ditaduras por razões militares ou econômicas, nem são elas que mascaram o cinismo da razão de Estado com arroubos humanitários. As classes médias apóiam – por meio de seu trabalho, de seu consumo, de seu voto – um sistema social que torna a educação para a cidadania pouco confiável, mas fecham os olhos a isso. As classes médias precisam ter *boa consciência* e, quando isso já não é tão evidente, elas destinam alguns trocados para a pesquisa médica, para a ajuda aos desempregados sem direitos ou para a fome no mundo. Ou amplificam mais ativamente o discurso sobre os direitos humanos e sobre a educação para a cidadania...

Podemos apoiar-nos nessa boa consciência e nessas boas intenções para transformar a escola. Não sejamos ingênuos a ponto de acreditar que as classes médias, portadoras desses valores, podem defendê-los até o fim, isto é, em última instância, *contra os seus interesses*. Para educar *verdadeiramente* para a cidadania, é necessário, de fato, alterar substancialmente uma parte dos funcionamentos escolares instituídos.

Discutirei *três* dessas alterações:

- a apropriação ativa dos saberes e da razão crítica;
- a apropriação de um mínimo de ferramentas provenientes das ciências sociais;
- a prática da democracia e da responsabilidade.

A apropriação ativa dos saberes e da razão crítica

Os saberes e a razão, infelizmente, não são uma garantia da ética: os ditadores, os gângsters, os especuladores, os torturadores, os fanáticos mais odiosos não são todos brutamontes. O crime organizado e os totalitarismos apóiam-se na ciência, na tecnologia e na razão estratégica, ao menos tanto quanto os defensores de causas humanitárias.

Isso significa que a apropriação de saberes não interfere na aprendizagem da cidadania? Evidentemente não. É pelo fato de não compreenderem o que ocorre com eles que os dominados e os desfavorecidos estão nessa situação. As mulheres e as crianças espancadas, os trabalhadores explorados, os desempregados, os imigrantes privados de direitos, os doentes jogados de um lado para o outro nos hospitais, os pequenos poupadores esmagados pelos grupos financeiros têm um ponto comum: seu capital cultural não é suficientemente significativo e pertinente para lhes proporcionar os meios de se defender, nem mesmo para compreender os mecanismos que os fazem sofrer ou que precipitam sua exclusão. A *miséria do mundo* (Bourdieu, 1993) é quase sempre acompanhada de uma *privação intelectual*, que é, ao mesmo tempo, causa e conseqüência em um círculo infernal.

Se a escola pretende educar para a cidadania, ela faria melhor se mantivesse suas promessas: proporcionar a cada um os meios para comandar sua vida pessoal e para participar da vida da comunidade. A educação participa da democracia, mas imaginar que isso se dá através da instrução cívica seria contrariar o sentido histórico da escola obrigatória. De que serve aprender princípios cívicos ou detalhes da organização do Estado quando não se consegue ler o texto de uma lei, preencher uma declaração de imposto ou captar o que está em jogo em uma eleição ou em um debate sobre a questão nuclear, a imigração, a engenharia genética ou a previdência social? A educação cívica, como disciplina, é apenas uma pequena parte da *educação para a democracia*, e esta última não se reduz à transmissão de valores ou de conhecimentos sobre a organização da comunidade. Ela passa antes pela *construção de meios intelectuais*, de saberes e de competências que são fontes de autonomia, de capacidade de se expressar, de negociar, de mudar o mundo.

Quando produz um fracasso, a escola não está educando para a cidadania! A exclusão e a seleção são bem mais graves do que a ausência de um curso de educação cívica (Vellas, 1993). Não posso desenvolver aqui tudo o que diz respeito à luta contra o fracasso escolar e às desigualdades sociais diante da escola. Insisto principalmente em uma conexão essencial: o fracasso escolar não é um *outro* problema, é o *cerne* do problema da educação para a cidadania, pois, embora não sejam condições *suficientes*, a apropriação de saberes e da escrita (Lahire, 1993) e a construção de competências de alto nível (Perrenoud, 1997a, 2000b) são condições *necessárias*.

A apropriação de um mínimo de ferramentas provenientes das ciências sociais

Um nível intelectual elevado, reforçado por uma sólida consciência moral, seria suficiente para garantir a compreensão e o bom uso dos mecanismos sociais? Talvez. Assim, um pesquisador de ponta em metalurgia ou em farmacologia, mesmo que até então não tenha demonstrado interesse pela política ou por problemas sociais, tem meios de compreendê-los muito rápido se subitamente passar a se interessar por eles. Isso acontece porque ele tem uma grande capacidade de abstração, de comunicação, de busca de informação e de assimilação de novos conceitos e de novos saberes. Conseqüentemente, ele não terá dificuldade de compreender quem se beneficia com a inflação, como se opera a integração européia, de que fonte bebem os movimentos de extrema direita, quais os riscos que oferecem os supergeradores ou de onde vem o rombo da previdência social.

Seria melhor não sonhar e agir como se todos os alunos tivessem atingido um nível de formação tal, que o conhecimento da sociedade e de seus mecanismos viesse de algum modo "por acréscimo". Para os que não atingirem esse nível, que se situa sem dúvida acima do nível do *bac**, seria sensato ensinar nas séries finais do ensino fundamental e no ensino médio as bases do direito, da economia, da ciência política e da psicossociologia. Os saberes que permitem ser cidadãos são, em parte, de ordem *científica*, porque os desafios geralmente são tecnológicos. São *éticos* e *filosóficos* na medida em que os dilemas e os conflitos de valores podem ser, de algum modo, relativizados pela razão e pela argumentação. Contudo, existe nos programas escolares um *buraco negro*: o conhecimento da sociedade. Este continua sendo o primo pobre, já que a educação cívica geralmente se limita às instituições e aos direitos da pessoa. Ora, nossa vida é regida por leis, convenções, políticas industriais e financeiras dos Estados e das multinacionais, um sistema bancário, seguros, enormes burocracias administrativas, hospitalares, científicas, escolares, mecanismos de negociação entre parceiros sociais e sindicais, máquinas políticas das quais as eleições e as instituições são apenas a parte mais visível. Onde se aprende a compreender esses mecanismos, ou simplesmente a descobrir sua existência?

Para que a escola tenha um papel mais relevante nesse sentido, seria preciso transpor pelo menos *dois obstáculos* importantes:

- As disciplinas dividem a grade horária como se estivessem em uma briga de faca; exceto a informática. A economia e o direito conseguiram fazer uma tímida entrada no círculo fechado das disciplinas escolares tradicionais, sobretudo no nível do ensino médio geral ou profissionalizante. As ciências sociais e humanas não estão totalmente ausentes e são cada vez mais mobilizadas em história, em geografia, em educação cívica, em filosofia e, às vezes, em literatura, mas sempre como figurantes, como esclarecimentos marginais, não como disciplinas autônomas.
- Supondo que o círculo fosse ampliado, haveria o risco não desprezível de que os conteúdos fossem a tal ponto controlados e esterilizados, que esses ensinamentos se tornariam meras matérias de exame. Hoje, em quase todos os Estados democráticos, pode-se ensinar a teoria darwiniana da evolução das espécies e falar do holocausto, do colonialismo ou das violações aos direitos humanos, desde que estejam distantes no tempo... Será que é possível conceber ensinamentos equivalentes sobre o funcionamento das sociedades contemporâneas sem que as famílias e os grupos de pressão "botem a boca no mundo" em nome da neutralidade da escola?

Não vou insistir mais sobre o currículo formal, a não ser para sugerir uma reversão de tendência: a aprendizagem da cidadania passa pela adesão

---

* N. de R.T. Exame prestado no final do ensino médio francês.

a valores e à lei, pela reflexão sobre o que seria uma organização ideal da comunidade, mas sobretudo pelo conhecimento realista dos mecanismos demográficos, econômicos, políticos, psicossociológicos ou jurídicos em ação, que sempre frustram nossos ideais. O trabalho sobre a complexidade e a abordagem sistêmica são meios de romper as cortinas de fumaça e de não se deixar enganar por mitos. São as principais ferramentas para toda "reforma do pensamento" (Morin, 1995a e b).

A prática da democracia e da responsabilidade

Os saberes não bastam, nem as belas palavras. Se a pessoa passa de 10 a 20 anos de sua vida na formação inicial e sai sem nenhuma prática da democracia, de que vale falar em educação para a cidadania?

Os conselhos de classe, na linha de Freinet e da pedagogia institucional, ainda são práticas marginais. A participação dos alunos, mesmo os universitários, geralmente é um simulacro, uma forma de ajudar a compreender melhor as decisões vindas de cima, e não de negociá-las. Pode-se dizer quase o mesmo da participação dos pais e até dos professores. A escola não é uma empresa independente, que possa funcionar em autogestão, sem prestar contas, sobrevivendo até que as leis do mercado a desautorizem. A escola não é regulada por um mercado, nem controlada apenas por seus usuários, não pode mais ser comandada unicamente por seus assalariados, mas está sob a responsabilidade do Estado, como poder organizador e garantia da instrução de todos. Contudo, dentro desses limites, há brechas para avançar mais no sentido da democracia interna.

A *aprendizagem da responsabilidade* não exige estruturas complexas, porém passa pela confiança, pela delegação de poder, pela prática do mandato e do contrato e por um amplo leque de oportunidades de assumir e de exercer responsabilidades, pequenas ou grandes. A educação para a escolha, o trabalho independente sob contrato, a individualização dos percursos de formação, algumas formas de auto-avaliação, o interesse pelo projeto pessoal do aluno, a ampla oferta de opções e todas as formas de ensino mútuo e de auto-organização estimulam a assumir responsabilidades individuais ou coletivas. Dentro da sala de aula, certas práticas, certos contratos pedagógicos, certas práticas de diferenciação pedagógica ou de gestão da classe avançam na mesma direção. Aqui também, seguindo a tradição da educação nova e das pedagogias ativas, cooperativas e institucionais, dispõe-se de várias ferramentas e dispositivos. Falta vontade de fazer uso deles e de transpô-los, por meio de adaptações aos níveis dos cursos, às faixas etárias e aos públicos, sobretudo de professores, que apenas sabem quem é Célestin Freinet, mas que seguramente jamais leram uma linha sobre a pedagogia institucional.

Hoje essas práticas assustam menos e são mais comuns. Entretanto:

- elas estão longe de atingir o conjunto das salas de aula e dos estabelecimentos escolares;
- elas decorrem em parte de iniciativas individuais;
- elas não se inserem explicitamente em uma estratégia global de educação para a cidadania.

É preciso urgentemente buscar inspiração nas aquisições da pedagogia institucional (Oury e Vasquez, 1967, 1971; Oury e Pain, 1972; Oury e Pochet, 1979; Imbert, 1976; Boumard, 1978). Faço referência a esses trabalhos para desenvolver aqui um tema mais amplo, que poderia servir de *fio condutor* para aglutinar o conjunto de iniciativas complementares e de níveis de ação: a educação para a cidadania, assim como toda educação – diferentemente de um ensino –, passa por experiências de vida e de relação com o saber que têm *efeitos formativos*. Assim como a língua, a cidadania se aprende na prática!

Se a escola favorece a aprendizagem da cidadania, a primeira coisa a fazer, portanto, é tornar possível e provável, entre os alunos e os estudantes universitários, o exercício da cidadania, fundamento de uma postura ética e de competências práticas passíveis de serem transpostas ao conjunto da vida social.

A aprendizagem da democracia passa pela experiência

O *currículo real* apresenta-se como uma seqüência de experiências formadoras, fontes de aprendizagem, das quais uma parte foi ativamente provocada. Outras se fazem *à revelia dos professores* ou, pelo menos, não intencionalmente. Nesse caso, fala-se de *currículo oculto* (Perrenoud, 1993b).

Ninguém vive durante 10 a 20 anos em uma coletividade sem aprender um conjunto de saberes e de habilidades que permitam sobreviver, apropriar-se de um território, de um estatuto, de um papel e, se possível, preservar sua autonomia e eventualmente exercer um certo poder. Em outro contexto, analisei o *ofício de aluno*, tal como a escola o engendra (Perrenoud, 1994b). Esse ofício facilita o funcionamento da sala de aula, como também produz fortes efeitos de socialização: ele prefigura, sob inúmeros aspectos, a *mistura de conformismo e de iniciativa* que – em proporções variáveis – convém aos funcionários de uma empresa, mas também aos cidadãos, aos membros de associações e de organizações diversas, aos consumidores e aos eleitores.

Podemos definir uma "escola ideal", que possibilite o pleno exercício do ofício de aluno como prefiguração do ofício de cidadão? As escolas reservadas às elites funcionaram e ainda funcionam nesse espírito, mas elas participam da "infância dos chefes". Certos estabelecimentos de jurisdição eclesiástica ou militar dispõem de recursos para formar, desde os primeiros anos de ensino ou das séries finais do ensino fundamental, "verdadeiros crentes", que talvez venham a se tornar padres ou professores, ou "verdadeiros soldados", em outras palavras, "arremedos de cidadãos". A própria existência dessas escolas mostra como seria ingênuo acreditar que todos os pais desejam para seus filhos a mesma educação para a cidadania, independentemente de sua posição social e de seu projeto. Alguns não esperam *nada* da escola, porque sua própria participação na vida da comunidade é marginal, e não vislumbram nenhuma melhoria para seus filhos, supondo que se coloquem tal questão. Outros, por uma razão inversa, não esperam mais da escola pública: eles confiam na educação familiar ou delegam a tarefa a uma escola privada destinada às futuras elites, como aquelas que os ingleses denominam, não sem um certo humor, de *"public school"*.

Podemos nos inspirar nessas escolas preparatórias às funções dirigentes para conceber um modelo de escola que prepare a todos para exercer suas responsabilidades na comunidade? Quanto aos valores de referências, é evidente que não. Em compensação, constata-se que, para forjar um tipo de homem ou de mulher, elas contam com recursos que não podem ser comparados com aqueles de que dispõe a escola pública, sejam meios materiais ou culturais. Essas escolas geralmente são internatos, o que lhes permite controlar todas as dimensões da vida de seus alunos. São lugares de socialização onde nada é casual: usa-se uniforme ou, em todo caso, vestimentas codificadas, os emblemas e os ritos de filiação são incontáveis, as refeições, os cuidados com o corpo, o sono e o lazer são enquadrados, um aparato disciplinar implacável reconduz os recalcitrantes à razão ou os exclui do estabelecimento escolar. Em síntese, a escola aproxima-se de uma *instituição total*, no sentido de Gofman (1968), de uma instituição que se encarrega da totalidade da existência material e moral dos indivíduos que lhes são confiados.

Esse retrospecto faz emergir o *paradoxo* da escola pública:

- Ela não poderia formar para a democracia e para o pluralismo por métodos autoritários e sectários, por uma espécie de adestramento persistente, coerente, contínuo, de eficácia comprovada, mas cuja legitimidade como modelo de escola para todos pode e deve ser contestada.
- Ao mesmo tempo, ela não poderia ter controle sobre a aprendizagem da cidadania se esta se restringisse a alguns cursos mais ou menos convincentes sobre os direitos humanos.

Como organizar uma *socialização democrática*? Procurando organizar a escola como uma *comunidade democrática* (Ballion, 1993, 1998). Já de início, esbarra-se em um *obstáculo* importante: a maior parte das associações ou instituições democráticas pede que seus novos membros tenham um mínimo de cultura *prévia* a respeito do direito ao voto, da liberdade de expressão, da eleição e do controle dos dirigentes, do direito de recurso, do respeito às minorias, da transparência dos procedimentos e regras e de sua determinação, *in fine*, pelos próprios membros. Como implantar um funcionamento democrático com crianças e adolescentes que não partilham essa herança mínima?

Estamos diante do paradoxo reexaminado por Meirieu (1996a): como *"aprender, fazendo, a fazer o que não se sabe fazer?"*. O que parece uma contradição *lógica* – como se poderia fazer o que não se sabe fazer? – encontra na realidade uma resposta *pedagógica* que, no entanto, requer uma gestão bastante sutil do apoio e da retirada do apoio das aprendizagens. Todo mundo sabe que se aprende a ler lendo, embora inicialmente não se saiba ler. Isso funciona porque esses "primeiros passos" – também se aprende a andar dessa maneira! – são acompanhados por um adulto que guia e corrige as falhas imediatas do aprendiz, para tornar a ação possível, e vai afastando-se à medida que seu auxílio torna-se desnecessário. A aprendizagem da democracia pelas crianças e pelos adolescentes só pode ser dessa ordem. Embora já seja possível resolver mais ou menos o paradoxo quando ele se refere a uma didática específica, ainda se titubeia quando se trata de uma aprendizagem mais global.

CIDADANIA E RELAÇÃO COM O SABER

A democracia supõe o debate e, portanto, tempo para pensar, para se expressar, para ouvir e compreender os pontos de vista contrários e para buscar compromissos. Contudo, parece que a escola nunca tem tempo suficiente para fazer o que já tem de fazer. Muitos professores são favoráveis a uma educação democrática, mas com a condição de que ela não tire um minuto sequer de sua disciplina e não interrompa de modo algum o trabalho e o andamento do programa.

Como se poderia aprender a democracia em alguns minutos por semana, enquanto o restante do tempo obedeceria a uma outra lógica? Se a escola educa para a cidadania pela prática, essa prática não pode ficar confinada a alguns momentos de regulação, como é o caso de certas classes que "têm conselho" no fim de semana, quando todo mundo já está cansado demais para fazer algo. A democracia retarda as decisões, aumenta o número de etapas, amplia o círculo de atores envolvidos e, por isso, torna o funcionamento menos eficaz, se é que a eficácia consiste em tomar decisões unilaterais rapidamente, para impor a todos e dizer aos céticos: "Eu sou o chefe, quem não está satisfeito que se retire".

Nas empresas sequiosas de rendimento, o tempo de participação compete com o tempo de trabalho propriamente dito. Não se pode ampliar as assembléias e o trabalho em comissão sem pôr em risco a produtividade. A escola geralmente raciocina conforme o mesmo esquema: o verdadeiro trabalho é o que se faz na sala de aula, e todo o tempo dedicado à participação e ao exercício da democracia parece subtraído do trabalho propriamente escolar.

É preciso reverter essa maneira de pensar: na escola, a participação na vida da turma ou do ensino é um poder legítimo no presente e uma fonte indispensável de aprendizagens para o futuro. Portanto, todas essas horas deveriam ser contadas como *horas de trabalho* no estabelecimento, na mesma condição que as horas de curso, de laboratório, de estudos, de trabalhos práticos, de pesquisas *in loco* ou de trabalho no centro de documentação.

Mas isso não é suficiente. Como conseguir mais tempo? *Transportando a aprendizagem da democracia ao campo do saber propriamente dito*. Será que isso é possível? A assimetria de papéis, fundada na disparidade de saberes dominados por uns e outros, impede de considerar os membros de uma instituição escolar ou universitária como *iguais*, ao menos nesse aspecto. Mesmo que toda verdade científica seja uma construção social, é difícil imaginar uma votação para decidir se o quadrado da hipotenusa é igual à soma dos quadrados dos lados de um triângulo retângulo ou para saber qual a data da revolução chinesa. O problema não é exclusivo da escola: em todas as organizações, os especialistas, "os que sabem", têm muito mais peso no processo de decisão, às vezes confiscando-o abertamente, outras vezes de forma mais sutil e legítima, "dizendo o que é possível". Quando os economistas afirmam que o crescimento não pode ultrapassar 2% devido à situação dos investimentos, da moeda e da balança comercial, de nada adianta "votar" por um crescimento de 6%, assim como é inútil decidir que a cura da Aids será encontrada em uma data definida. A ciência, ao enunciar as leis e as condições incontornáveis da ação, torna-se porta-voz da razão e do método e faz calar as opiniões contrárias enraizadas apenas no senso comum. Na escola, os professores são os especialistas ao mesmo tempo do saber a ser ensinado e, em princípio, dos procedimentos que se julgam adequados para uma apropriação eficaz. Nesses âmbitos, eles podem provar ou demonstrar. O funcionamento democrático não foi suspenso, mas ele atribui aos especialistas um peso tal, que os alunos podem ter a impressão de que não há mais nada a dizer.

O que resta, então, a *negociar*? O conjunto da *organização da vida na sala de aula*: horários, espaços, regras e sanções, modos de cooperação e de regulação da coexistência. Pode-se negociar também, ainda que isto seja ainda mais difícil, uma parte das *escolhas pedagógicas e didáticas*, assim como os *modos de avaliação* quando eles não são ditados por uma sólida evidência científica e quando a adesão ativa dos alunos é tão importante quanto a inteligência do dispositivo. Os alunos são, à sua maneira, "especialistas em didática", pelo menos no que diz respeito à sua própria maneira de compreender e de aprender. No estágio atual das ciências da educação, sabe-se da diversidade de funcionamentos mentais e do absurdo que seria impor o mesmo modelo a todos, já que eles não têm o mesmo modelo cognitivo, a mesma forma de pensar os conceitos, de transitar do particular ao geral, do concreto ao abstrato, do simples ao complexo, do disciplinar ao interdisciplinar.

Não se justificaria, entretanto, limitar a aprendizagem da democracia ao que é negociável, objeto de um compromisso resultante de uma transação em que todos abrem mão de sua posição. O professor de física não pode transigir sobre a lei de Ohm, ou o professor de biologia sobre a estrutura do DNA. Mas isso não exclui o debate. Em uma sociedade que atribui um estatuto privilegiado à especialização, aos saberes, ao método científico e ao pensamento racional, o debate democrático, quando incide sobre "a realidade da realidade" (Watzlawick, 1978, 1988), respeita os saberes dos especialistas. Isso não significa que ele não se realize, mas que todos aceitam curvar-se ao rigor dos fatos e das teorias, com uma condição: poder colocar as questões, expressar dúvidas, verificar os dados e os raciocínios e ouvir vários especialistas quando não existe consenso. Como lembra Bourdieu (1997, p. 131):

> As áreas científicas, esses microcosmos que, sob um certo aspecto, são mundos sociais como os outros, com concentrações de poder e de capital, monopólios, relações de força, interesses egoístas, conflitos, etc., são também, *sob um outro aspecto*, universos de exceção, um pouco miraculosos, onde a necessidade da razão é instituída em graus diversos na realidade das estruturas e das disposições.

O papel da escola, que constitui um mundo social como os outros, é igualmente o de estabelecer dispositivos e de formar *habitus* favoráveis ao exercício da razão, ao desenvolvimento de uma relação racional com o saber, que exclui ao mesmo tempo o respeito incondicional e instantâneo aos que sabem e a negação de uma legitimidade particular reconhecida aos que têm como ofício produzir e/ou transmitir saberes. Sobre a questão nuclear, os riscos ecológicos ou climáticos, as doenças contagiosas, a comercialização de certos medicamentos ou, em um outro âmbito, a política econômica ou a regulação de redes telemáticas, o público, assim como os especialistas, tem o hábito de discutir. Como em um tribunal de júri confrontado com perícias contraditórias, todos procuram ter uma opinião e debater o problema, na impossibilidade de poder remeter-se à "ciência".

Os saberes ensinados na escola poderiam, em parte, ser tratados desse modo. Em vez de enfatizar seu grau de certeza, seria preferível apresentar um balanço da situação e das teorias concorrentes, depois iniciar um debate, não para arbitrar as teses em questão, mas para identificar suas convergências e divergências. Isso pode ser feito desde o ensino médio, mas principalmente no ensino superior. Será que todas as oportunidades que surgem são aproveitadas? Podemos duvidar disso. O professor pode temer especialmente:

- desestabilizar os alunos que buscam respostas simples e verdades incontestadas;
- gastar muito tempo em alguns assuntos e não cumprir o programa;
- perder o controle do debate ou ser levado ao limite de seus próprios conhecimentos;
- passar uma imagem excessivamente realista das fragilidades da pesquisa.

Esses diversos temores alimentam o desejo de avançar no texto do saber, sem se perder demais em debates incertos.

No entanto, essas práticas têm um custo que raramente é considerado:

- Elas reduzem as oportunidades de formação e de reflexão epistemológicas, pois muitos alunos deixam a universidade munidos de alguns saberes com os quais têm uma relação pouco crítica ou restrita apenas à metodologia de pesquisa, passando à margem do debate filosófico, ideológico ou propriamente epistemológico.
- Elas privam da oportunidade de aprender a debater questões difíceis de forma argumentada e concisa.

No ensino fundamental, os professores sentem-se ainda mais inclinados a pensar que os alunos "não são capazes" de ter distanciamento, que é "muito cedo". Isso é duvidoso, tanto do ponto de vista psicogenético quanto do didático. O que paralisa alguns alunos é justamente o sentimento – que a escola favorece ou pelo menos não desmente – de que o conhecimento *flui naturalmente*, é evidente, incontestável. Seria um alívio se, quando não se compreende ou não se aceita um saber, disséssemos que foram necessárias décadas, ou mesmo séculos, para perceber e depois verificar aquilo que o professor expõe agora como verdade. É normal pensar que o Sol gira em torno da Terra e é fundamental compreender que a astronomia foi construída *contra* o senso comum e no confronto de teses, com questões teológicas e filosóficas de fundo. O que parece evidente para Galileu vale para todos os campos do saber. O debate não é a controvérsia pela controvérsia, é um espaço em que cada um pode dizer livremente que não está convencido, que tem dúvidas, que não compreende os argumentos em favor de uma tese ou que não consegue compreender sua coerência.

No método científico bem compreendido, o *diálogo interior* e o *debate* entre pesquisadores são *motores essenciais* do desenvolvimento dos saberes. A controvérsia é indispensável. O leitor ideal de um artigo adota a postura do *amigo crítico*, sem complacência, que não procura depreciar, mas que não fecha os olhos a nenhuma falha de raciocínio, a nenhuma debilidade das observações. Sem dúvida, as pessoas são ambivalentes e, conforme o momento, almejam leitores severos ou leitores indulgentes, divididas entre o desejo de ver seu trabalho seriamente discutido – e, portanto, validado – e a expectativa igualmente intensa de não ter de refazer todo o trabalho.

O que resta da postura crítica no ensino? Evidentemente, ela varia segundo as disciplinas, a idade dos alunos e a própria relação do professor com o saber. Apesar dessas variações, há uma evidência: os programas *não são feitos para favorecer o debate*, apesar das magníficas declarações de intenções, simplesmente porque são sobrecarregados demais e induzem os professores a privilegiar a transmissão eficaz de um grande número de conhecimentos em detrimento de uma construção comum em um procedimento de projeto e de debate. A avaliação caminha a par e testa a extensão dos saberes assimilados, em vez da capacidade de problematizar e de tomar distância.

As pedagogias que invocam o "conflito sociocognitivo" defendem o debate de um ponto de vista didático (CRESAS, 1987, 1991). De fato, de uma perspectiva construtivista, o desacordo e sua redução progressiva em um quadro de cooperação é que levam as pessoas a reestruturar seus conceitos e suas representações (GFEN, 1996; Tozzi, 1997). Reunimos também as obras sobre o sentido dos saberes e do trabalho escolar (Develay, 1996; Bautier e

Rochex, 1996; Charlot, Bautier e Rochex, 1992; De Vecchi e Carmona-Magnaldi, 1996; Perrenoud, 1994b; Rochex, 1995; Vellas, 1996).

Independentemente de suas virtudes didáticas no âmbito de cada disciplina, a experiência do debate de idéias está na base de uma relação crítica com o pensamento – o seu e o do outro – e de uma cultura democrática, ou seja, da cidadania.

Mas então... que peso tem uma argumentação a mais para as cabeças bem-feitas, em vez de bem cheias? É irrelevante comparado ao horror do vazio que habita os autores de programas e os professores e à louvável preocupação que impele a todos a fazer demais para estar seguros de estar fazendo o suficiente... Porém, mais cedo ou mais tarde, será preciso compreender isto: *"A formação do cidadão na escola oculta-se no cerne da construção dos saberes"* (Vellas, 1993).

O QUE ISSO EXIGIRIA DOS PROFESSORES?

Todas as análises e teses que apresentamos são altamente discutíveis, e seria oportuno discuti-las para chegar a um consenso provisório antes de se questionar sobre as competências e a formação dos professores. Contudo, como se trata da questão de que parti, vou prosseguir o raciocínio, embora esteja certo de que o leitor que não aderir às premissas não tem nenhuma razão para concordar com as conclusões.

De fato, a abordagem a partir do currículo real e da experiência de vida tem conseqüências enormes quanto ao papel do professor:

1. Isso *diz respeito a todos*. Não há como delegar a aprendizagem da cidadania a alguns especialistas em ciências sociais ou em educação cívica.
2. Instaurar a democracia na sala de aula transforma profundamente a relação pedagógica e a gestão da classe.
3. A educação cidadã opera-se no debate que é fundamental instaurar na sala de aula a propósito dos saberes, ou seja, no campo da didática das disciplinas.
4. Se o estabelecimento escolar torna-se uma comunidade democrática, isso exige de todos os atores uma presença e uma participação mais sustentada. Não é mais possível para um professor chegar, "dar suas aulas", ignorando o restante da vida escolar.
5. A gestão do estabelecimento escolar também se transforma, e todas e todos são chamados a assumir novas responsabilidades.

Uma evolução nesse sentido exigiria dos professores novas competências, mas, acima de tudo, uma nova identidade profissional, um engajamento diferente em seu ofício e em seu estabelecimento de ensino, uma outra relação com o saber e com os alunos.

> Para mim, as crianças que sempre fazem perguntas... os pais devem ser tiras ou jornalistas!

Está claro que acrescentar aos planos de formação algumas unidades de valor sobre a aprendizagem da cidadania não resolveria o problema. Para se tornar uma verdadeira formadora da democracia, a escola e os professores devem adquirir competências e conhecimentos novos:

- Organizar uma escola como uma comunidade democrática não é um ato mágico; isso exige *imaginação sociológica* e engenharia social, pedagógica e didática para que a vida seja viável, para que a experiência cotidiana seja, ao mesmo tempo, favorável à aprendizagem da cidadania pela prática e compatível com as outras tarefas da escola. Uma comunidade não é um império, e sim parte de um conjunto; ela obedece a leis comuns e negocia sua autonomia. A aprendizagem da cidadania diz respeito tanto às instituições internas edificadas na esfera de autonomia quanto à participação no sistema mais amplo do qual o estabelecimento de ensino faz parte.

- Instaurar o debate em torno do saber em construção é uma competência que está situada na encruzilhada da didática e da gestão de classe e que tem como base, de um lado, uma cultura científica e epistemológica e, de outro, uma familiaridade com as aquisições das pedagogias cooperativas e institucionais.

Como se vê, a formação de professores só pode enraizar-se em uma *reflexão coletiva* e em um *debate* exaustivo sobre a cidadania, associados a uma análise regular das situações educacionais, das práticas e dos ofícios em jogo, das culturas e dos funcionamentos institucionais, do peso das expectativas, dos valores e das estratégias das famílias. Se houver uma verdadeira evolução, ela passará por uma *tomada de consciência* por parte dos professores de sua parcela de responsabilidade e por uma *tomada de poder* na instituição, que teria como projeto a aprendizagem da cidadania pela cidadania escolar.

A formação inicial pode sensibilizar para esses temas, preparar para esse debate, proporcionar ferramentas, mas as verdadeiras transformações só podem vir de uma *autotransformação*, no âmbito de uma dinâmica e de um projeto de estabelecimento escolar. As estruturas de formação continuada podem, sem dúvida, sustentar esse trabalho. Oferecer estágios sobre a cidadania não seria suficiente.

Isso não significa que as ações devam permanecer meramente locais. O sistema tem a responsabilidade de favorecê-las, de torná-las mais prováveis, sem impô-las. Não seria mau que ele difundisse modelos e relatos de práticas, que organizasse encontros, que desenvolvesse e difundisse ferramentas, que oferecesse acompanhamentos!

TEMOS ESCOLHA?

Podemos perguntar o que impulsionaria o sistema educacional a evoluir nesse sentido, tantos são os obstáculos externos e as resistências internas.

A virtude? É pouco provável. Talvez a necessidade.

O tema da Lei está na moda. Fico sempre um pouco desconfiado e crítico diante dessas palavras que parecem tornar simples e inteligíveis fenômenos complexos, diversificados e parcialmente opacos. Vivemos em uma sociedade em que a Lei evoca ao mesmo tempo as "Tábuas da Lei" e o contrato social que está na base de uma Constituição republicana. Lei divina, lei humana, todos os nossos mitos criadores são evocados. Para o sociólogo, a Lei (no singular) é uma metáfora forte – porque está ancorada em nossos mitos judaico-cristãos e em nossa concepção do Estado de direito –, mas um pouco enganosa. A ordem social é um arranjo negociado, sustentado por alguns princípios de eqüidade e de reciprocidade, porém construído em grande medida por atores em busca de seu próprio interesse. A cidadania, em última instância, depende menos da adesão a grandes princípios do que de uma *razão prática*, de percepção do social como equilíbrio instável que deve ser permanentemente reconstruído para que a vida seja viável.

Concordo com Develay (1996) ou Meirieu (1995a, 1996a) que a relação com o Saber e a relação com a Lei estão fortemente imbricadas, não apenas do ponto de vista filosófico, mas também do funcionamento cotidiano das escolas. Concordo igualmente que, em um nível elevado de abstração, dar sentido à escola significa reconstruir simultaneamente relações menos misturadas à Lei e ao Saber. Para transformar essa abstração em estratégia de ação, é preciso aceitar analisar de perto o *trabalho real*, os saberes e as relações com os saberes na vida cotidiana dos professores e dos alunos, o sentido das tarefas e dos conhecimentos verdadeiramente dispensados ou exigidos, o funcionamento efetivo da relação, da comunicação, das classes e dos estabelecimentos de ensino.

Se a escola funciona mal – o que varia segundo as idades, os ambientes e as histórias singulares dos estabelecimentos de ensino –, se ela é vítima da baderna e da violência, pode-se diagnosticar uma crise da relação com a Lei e da relação com o Saber. Esse diagnóstico não apenas evoca novas profissões de fé, como também recomenda – para quem quer agir – uma transformação pontual e paciente dos funcionamentos escolares cotidianos. Para favorecer a aprendizagem da cidadania, é preciso dar atenção aos espaços escolares internos e externos, aos restaurantes, aos vestiários, aos banheiros, à garagem de bicicletas, aos dispositivos de segurança e de proteção de bens, à gestão das ausências, aos modos de negociação no estabelecimento de ensino e na sala de aula, aos horários, às normas, ao direito de fumar e de namorar na escola, às regras e às decisões que norteiam tanto a coexistência no estabelecimento de ensino e na sala de aula quanto o trabalho de ensino e de aprendizagem.

A escola pode queixar-se do espetáculo oferecido aos alunos pela sociedade individualista, pela sociedade do lucro, das mídias, da competição, do desemprego, da desigualdade, da insegurança, da exclusão. Ela poderia "varrer a frente da sua porta" e perguntar-se se o funcionamento que adota encarna fielmente o ideal democrático. "Quando uma sociedade não pode ensinar, é porque essa sociedade não pode ensinar-se; é porque ela tem vergonha, é porque ela tem medo de ensinar a si própria", escreveu Péguy em 1904.

Será que a sociedade em que vivemos (Dubet e Martucelli, 1998) ousa ensinar sem ter vergonha dela mesma? Ou ainda é preciso acelerar e generalizar sua evolução no sentido de uma nação democrática, através de uma mobilização coletiva, que intervenha antes que a situação se torne desesperadora? O ritmo de degradação das condições de vida e de trabalho, em certos estabelecimentos escolares, indica que não há tempo a perder.

Daí a se mobilizar pessoalmente, há uma distância que as pessoas hesitam em transpor e sobretudo em transpor sozinhas. Quando se tem consciência dos obstáculos, é legítimo perguntar-se se vale a pena investir nisso. Seria muito mais cômodo limitar-se a um *discurso* sobre a cidadania e seus fundamentos, reforçado por uma participação moderada na vida do estabelecimento escolar.

Corre-se o risco de sofrer uma forte decepção quando se imagina que todo indivíduo aspira espontaneamente à democracia e que não há nada mais urgente do que dispor suas competências e sua inteligência a serviço do bem comum. A atitude democrática é uma conquista sobre o egocentrismo, sobre o individualismo, sobre a busca de seu próprio interesse, sobre a indiferença à miséria do mundo. A instrução e a inteligência não são acompanhadas *ipso facto* de generosidade, de solidariedade, de uma preocupação com o bem público.

Praticar a democracia significa – para os mais favorecidos – renunciar a uma parcela de suas vantagens e de seu poder. Ela só pode ser entendida – e essa aquisição ainda é tímida – mediante uma experiência que leve a constatar simultaneamente:

- que o cálculo não está errado e que as pessoas colhem o que semeiam;
- que essa é uma forma de satisfação, uma fonte de auto-estima.

As classes dirigentes dos países democráticos ilustram essa dupla lógica: para uns, renunciar ao abuso de poder e aos privilégios excessivos é apenas um meio de preservar por mais tempo o poder e os privilégios que, embora menos insólitos, continuam sendo apreciáveis. A democracia é, de algum modo, uma estratégia, ela faz parte do jogo e evita as explosões e as mudanças bruscas de situação. Para outros, a democracia é um valor em si e eles sentem uma profunda satisfação em defendê-la, *mesmo contra seus interesses imediatos*. Essas duas lógicas podem coexistir em uma mesma pessoa...

Esta é, ao mesmo tempo, uma razão para acreditar no desenvolvimento de uma educação para a cidadania e para duvidar dessa possibilidade. Tudo dependerá da lucidez daqueles que exercem o poder na sociedade e na escola. Richelieu escreveu (citado por Levièvre, 1990):

> Assim como seria monstruoso um corpo com olhos por toda parte, tambérn o seria um Estado em que todos os seus indivíduos fossem eruditos. (...) Se as letras fossem profanadas por toda sorte de espíritos, veríamos mais pessoas capazes de levantar dúvidas do que de resolvê-las, e

muitas se mostrariam mais propensas a se opor às verdades do que a defendê-las... Veríamos ainda tão pouca obediência quanto o orgulho e a presunção seriam corriqueiros.

Será que os dirigentes de hoje são mais lúcidos? Caso sejam, eles trabalharão por uma educação democrática que tornará sua tarefa mais difícil, mas que dará mais vitalidade às sociedades desenvolvidas. Caso contrário...

2
O debate e a razão: cidadania e saberes*

Educar para a cidadania, costuma-se dizer hoje, significa "restaurar a Lei". Essa fórmula sintética apresenta pelo menos três problemas:

- a maiúscula evoca as Tábuas da Lei ou, mais prosaicamente, um texto original, que seria a chave de tudo, ou mesmo uma verdade revelada que bastaria recuperar;
- a idéia de "restaurar" a Lei permite imaginar uma idade de ouro em que ela estivesse instaurada; é uma visão bastante otimista da história humana;
- o singular sugere um princípio único de harmonizar os cidadãos na linha do "contrato social" tão caro a Rousseau, contrato que preexistiria ou que se imporia por força da "natureza humana".

RENUNCIAR A UM *DEUS EX MACHINA*

Para o sociólogo, não existe um *deus ex machina*, "garantia metassocial da ordem social". Os mecanismos que asseguram a coerência relativa de uma sociedade não são princípios formulados; são produtos e desafios de sua história, e não preexistem a ela; finalmente, são frágeis, efêmeros, múltiplos e bastante imperfeitos.

Sem dúvida, não existe sociedade duradoura sem que se instaure uma certa ordem, uma relativa paz civil, princípios mínimos de justiça e instituições capazes de arbitrar conflitos e de impor o respeito a algumas regras míni-

---

* Publicado em "L'éducations à la citoyenneté", Suplemento n° 4 dos *Cahiers pédagogiques*, outubro-novembro 1998, p. 4-7.

mas. Entretanto, não há um mecanismo que imponha a criação ou a sobrevivência de uma sociedade. Desse ponto de vista, uma transposição do biológico ao social é falaciosa. Em um sistema biológico, há mecanismos de regulação geneticamente programados que trabalham para manter ou restabelecer os equilíbrios essenciais à vida. Eles conseguem fazer isso, às vezes com a ajuda da medicina, ainda que os seres vivos, no fim das contas, sejam mortais.

Os sistemas sociais não têm um equivalente do patrimônio genético. Não há um mecanismo automático que os defenda contra a degradação, a ruptura, a guerra civil, a desorganização, a violência e contra suas causas: desigualdade, pobreza, discriminação, injustiça, arbitrariedade dos poderes, alienação social e revolta contra certas condições impostas aos seres humanos.

Os únicos medicamentos que conhecemos para as sociedades são os Estados, cuja ineficácia revela-se nas nações divididas em etnias, confissões religiosas ou comunidades lingüísticas em conflito, ou mesmo em guerra aberta. O Estado central tenta restabelecer relações pacíficas entre as facções em luta, até o momento em que uma se apodera dele para esmagar as outras... Em escala planetária, as regulamentações são ainda mais incertas, são os impérios ou as superpotências que posam de "polícias do mundo", eventualmente por meio de organizações internacionais fortemente sustentadas por essas potências. Vimos os efeitos dessa medicação na ex-Iugoslávia, assim como no Oriente Médio.

Em toda sociedade constituída, certos atores coletivos e certas instituições zelam pela ordem estabelecida e defendem a paz civil. Contudo, não devemos esquecer jamais que ninguém está "acima do bem e do mal", que essas forças pertencem ao campo que elas pretendem estabilizar, fazendo-o na exata medida de seu interesse, no sentido amplo do termo, e ainda obtêm alguma legitimidade.

A propósito das fontes e da natureza da ordem social, convido os pedagogos desejosos de cidadania a parar de evocar uma Lei singular e maiúscula e a medir a *diversidade* e a *fragilidade* dos mecanismos que nos possibilitam coexistir.

Convido-os também a romper com um *triplo romantismo*:

- a proibição da violência não é absoluta; as sociedades não a proscrevem totalmente; apenas a canalizam, limitam, legalizam ou exportam através da guerra de conquista ou da colonização;
- o saber não é automaticamente uma fonte de vida democrática e de justiça; a história nos ensina que ele se encontra também ao lado de campos de concentração racionalmente concebidos, de genocídios científicos e mais vulgarmente do crime organizado e da exploração do homem pelo homem; ciência sem consciência...
- uma sociedade duradoura e organizada não é *ipso facto* democrática; em sua maioria, as sociedades estáveis conhecidas na história, compreendidas as que são representadas na ONU atualmente, apóiam-se na violência de Estado, às vezes em um regime totalitário.

UMA DUPLA INGENUIDADE

Ao romantismo sociológico dos pedagogos, somam-se algumas ilusões quanto aos mecanismos de socialização. É duplamente ingênuo acreditar que uma educação para a cidadania, em uma sociedade democrática, pode limitar-se a transmitir valores primordiais às novas gerações ou, ainda, que a escola pode substituir as famílias incapacitadas de prover essa educação.

1. É ingênuo porque esses valores nem sempre são respeitados pelo sistema político que delega à escola seu mandato. Sua credibilidade é atingida pelas "negociatas", pelas injustiças sociais, pelas falhas do sistema judiciário e policial. As classes dirigentes praticam o "Faça o que eu digo, mas não faça o que eu faço". Lascoumes (1998), estudioso das "elites irregulares", mostra que o crime do colarinho branco, econômico ou político, longe de constituir a exceção que confirma a regra, está enraizado no sistema econômico. A lei do lucro ou a mera luta pela sobrevivência "obriga", como se costuma dizer, a violar o direito do comércio, do trabalho ou do meio ambiente, ele próprio fortemente influenciado e abrandado pelos *lobbies*. Hoje, em um mundo competitivo e com uma economia em crise, respeitar a letra e o espírito das leis seria

um suicídio. O uso indevido de informação privilegiada, a fraude fiscal, as poluições selvagens, os acordos ilegais, o financiamento secreto de partidos políticos são componentes da mesma sociedade que exige que a escola "eduque melhor para a cidadania".
2. É ingênuo também porque o ser humano não é "naturalmente bom", nem é espontaneamente levado a limitar sua liberdade e a defesa de seus interesses por respeito à autonomia e aos direitos de seus vizinhos. Não é verdade que o "contrato social" aparece como uma evidência e como um valor positivo a qualquer um que reflita por cinco minutos. Trata-se de uma construção necessária, vista em primeiro lugar como um *mal necessário*, como o desfecho de um percurso intelectual que leva a concluir que se tem mais a perder do que a ganhar se a sociedade tornar-se uma selva. A aprendizagem da reciprocidade é uma longa caminhada, e só se preocupam em trilhá-la até o fim aqueles que não estão seguros de que sairão sempre vencedores. Por que a raposa se incomodaria com um contrato social enquanto ela pode devastar o galinheiro impunemente? A cidadania é, em primeiro lugar, uma *renúncia*, a de ter razão sempre, a de ser todo-poderoso, a renúncia daquele que compreendeu que, já que não pode estar acima da lei, é interessante exigir o respeito à lei, porque ela o protege tanto quanto limita a realização de seus projetos. A cidadania fundamenta-se em um *cálculo* a que os bons sentimentos não resistem.

Se tentarmos libertar-nos dessa dupla ingenuidade, compreendemos que a educação para a cidadania, no âmbito escolar, deve então ultrapassar uma *dupla desvantagem*: as contradições da sociedade que a prescreve e as ambivalências dos alunos aos quais ela se destina, bem como do meio familiar e social a que eles pertencem.

FAZER UM INVENTÁRIO

Devemos cruzar os braços? Renunciar à idéia de uma escola mais "virtuosa" do que a sociedade que a prescreve e do que os alunos que ela acolhe? A única alternativa plausível é tomar o problema para si e buscar os melhores caminhos. Todo arroubo verbal que não conduz a uma política coerente e corajosa só ajuda a manter a ilusão de que o problema está sendo tratado. Mas por quanto tempo?

Ainda é preciso chegar a um acordo sobre o inventário. No campo escolar, a educação para a cidadania tornou-se uma preocupação muito importante. Ora, de duas coisas uma:

- ou a violência e a incivilidade não são tão grandes como se diz, não estão agravando-se e permanecem confinadas a zonas de alto risco; nesse caso, por que tanta agitação em torno da cidadania, se ela não está em crise?
- ou, ao contrário, uma verdadeira degradação ameaça-nos e seria hora de adotar medidas à altura dos problemas.

Seria prudente organizar-se para afinar o inventário e o diagnóstico, para romper o círculo vicioso em que todos repetem que os problemas estão agravando-se porque ouviram outros dizer. Infelizmente, nossas sociedades não são muito eficazes para estabelecer os fatos. As estatísticas da violência são bastante limitadas e dificilmente permitem avaliar as evoluções a longo prazo. Quanto aos outros desvios e incivilidades, que não são da alçada do direito penal ou que não são punidos civilmente, sabe-se menos ainda sobre sua amplitude e sua evolução. A agitação midiática não substitui a enquete.

Por que se apoderar do tema da cidadania sem examinar seriamente o diagnóstico da deliqüescência? Talvez porque ele tenha funções ocultas.

Por exemplo, ele chega no momento certo para renovar o discurso sobre a educação e sobre a escola e para rejuvenescer as lamentações rituais – atestadas desde Sócrates mas, sem dúvida, bem mais antigas – sobre a juventude que dissipa a herança dos adultos. Talvez seja uma "desforra" da pedagogia geral sobre as didáticas das disciplinas, a afirmação de que há outras coisas em jogo na escola além da apropriação dos saberes. O discurso sobre os valores e a ética ganha destaque no campo educacional, e esse discurso está parcialmente ancorado na constatação ou na conjectura da dissolução do vínculo social.

Por isso, podemos hesitar em tocar no ponto essencial do problema. Porém, se nos aventuramos a isso, que seja de forma séria e que *deixemos de dissociar a questão dos valores e a questão dos saberes*.

UM PROBLEMA DE TODOS?

Enquanto a educação para a cidadania for tratada como filha da educação moral ou simplesmente como uma disciplina entre outras – mesmo que tenha um estatuto preciso, uma dotação horária adequada e professores qualificados –, não se estará atingindo o alvo. As pessoas começam a se dar conta disso, e hoje muitas vozes se erguem para que se torne um problema de *todos* os educadores, pais e professores.

Sem dúvida, seria magnífico que todos se sentissem no direito e na responsabilidade de intervir para regular as condutas e para restaurar as normas sempre que testemunhassem um deslize ou sentissem uma ameaça disso. Seria ideal também que todos parassem um tempo para pensar nos desafios e nas dificuldades de uma coexistência pacífica e igualitária, na sociedade, no bairro, no estabelecimento escolar ou na sala de aula. Com isso, estaríamos restabelecendo um costume bastante consolidado nas sociedades tradicionais, que atribui a cada adulto uma missão de socialização das crianças, mesmo que não seja nem seu genitor, nem o educador titular. Em nome dessa norma, um adulto sente-se autorizado a ditar a lei, a inculcar a polidez e a reprimir o desvio.

Podemos sonhar com um retorno a essas normas em nossa sociedade. Hoje, delega-se o exercício do controle social àqueles que têm formalmente a legitimidade e o dever de fazer esse "trabalho sujo": fiscais, vigias, investigadores, inspetores, verificadores credenciados, forças da ordem de todo gênero. Costuma-se dizer que nas cidades mais atingidas pela insegurança, em caso de agressão, os passantes viram o rosto para não ter de intervir. Não seria mau que o controle social e a educação moral ou cívica voltassem a constituir um problema de todos e, antes de tudo, daqueles cuja profissão é instruir. Em suma, que a educação para a cidadania seja difundida, que seja assumida por todos sempre que um incidente crítico assim o exija.

Não nos iludamos com isso: onde as relações sociais estão fortemente degradadas, o simples apelo à ordem, à observância das normas ou ao respeito mútuo não é suficiente; pode parecer grotesco, ou mesmo perigoso, porque implica o testemunho. Além disso, o problema não é lembrar às pessoas a lei e os princípios que elas teriam simplesmente "esquecido". As leis comuns são estranhas a uma parte dos jovens porque não são interiorizadas. Quando elas se voltam contra eles, em caso de condutas consideradas desviantes, dizem que "não estão interessados nisso" e as recusam abertamente. Assim, quando uma pessoa se aproxima de um jovem em um ônibus para lhe pedir que ceda seu lugar a uma pessoa idosa, já não pode mais contar com algum embaraço ou sentimento de culpa que facilitaria o respeito à norma posteriormente. Uma parte dos jovens não entende de modo algum por que deveria oferecer seu lugar a outra pessoa. Seria muito astuto e audacioso alguém que, nessa situação, encontrasse as palavras e a legitimidade necessárias para lhes explicar. Geralmente, quem se arrisca a isso logo é desencorajado por chacotas e por agressividade.

Podemos sobreviver com jovens (e menos jovens) que não oferecem seu lugar às pessoas mais velhas. Quando essa ausência de referência estende-se ao valor da vida humana, como assinala Jacques Pain, os desafios passam a ser propriamente *vitais*. E, então, a pedagogia do apelo à ordem e à razão não tem mais efeito, porque a razão não é construída, porque a necessidade de uma ordem não é compartilhada e porque os indivíduos e os grupos que ignoram a lei comum tornam-se inacessíveis às palavras sensatas, recusam o diálogo ou debocham disso. Nas situações mais desesperadoras, medidas de salvaguarda e de repressão parecem ser, infelizmente, pelo menos a curto prazo, mais eficazes do que uma ação educativa.

Mesmo que se julgue que essas situações ainda sejam marginais, é tempo de pensar em uma prevenção em larga escala. Porém, esta é concebida de forma muito tímida hoje. Uma educação difundida para o caso de incidentes críticos é necessária, mas não suficiente, tanto quanto uma educação para a cidadania convertida em uma disciplina entre outras.

É útil, evidentemente, desenvolver a democracia participativa na escola, instituindo todo tipo de conselhos e espaços de discussão. É particularmente acertado estabelecer conselhos de alunos, na escala da sala de aula ou do estabelecimento escolar, na tradição de Freinet e da pedagogia institucional. Isso ainda permanece à margem das disciplinas e dos saberes e depende principalmente do diretor da escola e de alguns professores que acreditam nisso.

Se a educação para a cidadania não é, ou não é mais, um problema de todos os cidadãos, ela terá de ser, em contrapartida, um problema de *todos os professores*. Eles não devem envolver-se apenas quando há um tumulto no pátio ou quando o racismo aflora em sua classe. Eles não são convocados apenas para ajudar na coordenação de dispositivos de participação. O maior desafio é saber se eles estão dispostos a inserir a aprendizagem da cidadania *em seu próprio ensino*, em sua própria disciplina.

FORMAR PARA O DEBATE E A RAZÃO POR MEIO DOS SABERES

"A formação do cidadão na escola oculta-se no cerne da construção dos saberes", afirma Vellas (1993), explicitando uma intuição ou um pensamento em germe, desde a origem, em todas as pedagogias novas. Bassis (1998) usa a mesma linguagem, assim como o Grupo Francês de Educação Nova (1996) e outros movimentos pedagógicos. A relação com o saber e com a razão está na base da cidadania, mais que de bons sentimentos.

Por que aquilo que é tão evidente para os partidários da escola nova é tão pouco para a maior parte dos professores? Porque talvez muitos deles ainda privilegiem, em sua relação com o saber, mais as respostas do que as perguntas, mais as aquisições consolidadas do que as zonas de sombra ou de incerteza, mais os produtos da pesquisa do que seu processo, mais o consenso do que o conflito teórico ou metodológico. Assim, com muita freqüência, eles refletem a relação com o saber que se tornou regra nos primeiros ciclos universitários.

Os programas, os manuais, a formação profissional dos professores também são orientados no sentido de uma transposição didática que arrebata o conhecimento de suas raízes ideológicas ou metafísicas, de sua história, de suas controvérsias, do campo de força no qual é engendrado, verificado, afirmado ou combatido, dos valores e interesses que ele enfraquece ou reforça na sociedade. Essa transposição também afasta o saber de seus usos passados ou contemporâneos, das práticas sociais que lhe dão sentido, dos debates éticos correspondentes.

Para quê? Talvez essa visão *asséptica* dos saberes dê ao ensino uma certa *neutralidade* que livre da suspeita de transmitir à escola uma ideologia eventualmente contrária aos valores ou à fé dos pais. Talvez, em um outro registro, essa descontextualização dos saberes dispense os professores de ter uma ampla cultura em história e em filosofia das ciências, ou mesmo na epistemologia de sua disciplina. Talvez os saberes descontextualizados autorizem mais legitimamente uma pedagogia transmissiva, que restringe ao máximo a pesquisa e o debate.

Antes de enfrentar esses obstáculos, que são enormes, deparamo-nos com o principal: a preferência dada pelo sistema educacional e pela maioria de seus agentes e usuários à *quantidade* de saberes transmitidos, em detrimento da qualidade de sua assimilação e de um trabalho sobre a relação com os saberes e sobre o seu sentido. É de bom tom denunciar o enciclopedismo, mas ele permanece vivo nos manuais, nos programas, no espírito dos professores, dos alunos, dos pais. É preciso dizer tudo, ensinar tudo, avaliar tudo, mesmo quando se percebe que, desse modo, apenas os alunos mais brilhantes assimilarão verdadeiramente os saberes ensinados.

Para que a cidadania seja construída no saber, é preciso abrir mão de dois terços das noções ensinadas, ir ao essencial, para construí-lo mais lentamente, progressivamente, dialeticamente, no tateio, na busca e no debate. As ferramentas existem, esboçadas ou acabadas: os projetos em andamento, o trabalho a partir de problemas levantados e de situações-problema, as atividades amplas e negociadas, a construção de competências que mobilizam saberes para tomar decisões e enfrentar situações complexas.

Educar para a cidadania através do debate não significa provocar confrontos inspirados no espetáculo televisivo. Sem dúvida, a escola pode ajudar a descobrir que *"isso pode ser discutido"*, ou que as opiniões são confrontadas em todo o espaço público. Contudo, em vez de macaquear as formas mais midiáticas do debate de opinião, ela deveria redescobrir o debate científico, que diz respeito ao *real* e tem um *método*. É claro que a democracia passa também pelo livre confronto de opiniões, em uma alegre desordem que proporciona a cada um a liberdade de encontrar seu caminho e de construir seu pensamento, sem ter de demonstrar permanentemente rigor e autocrítica. Essa forma do diálogo, indispensável às representações sociais, não deve mascarar a importância de uma outra forma, aquela que conduz a um relativo consenso, necessário às decisões democráticas e racionais.

Democráticas e racionais? As duas qualificações deveriam caminhar juntas, mas as democracias formais, às vezes, substituem a razão da maioria pela razão dos mais poderosos, que prevalece nos regimes autoritários. Sempre que se "passa à votação" sem ter ouvido os argumentos de uns e de outros e sem tê-los debatido seriamente, debilita-se a democracia.

Na comunidade científica, não se vota para saber se a Terra gira em torno do Sol, se uma determinada patologia é de origem viral ou se a crise econômica fortalece a extrema direita. Observa-se, lançam-se hipóteses, procura-se confirmá-las, mantém-se a incerteza quando os dados não confirmam as teorias, adota-se uma se ela parece explicar melhor os dados observáveis, mas sem excluir uma reviravolta em favor de novas experiências ou de novos conceitos.

Se o objetivo é ensinar a *respeitar os fatos* e, ao mesmo tempo, a ter consciência de que eles são sempre *construídos*, a formação científica – em sentido amplo, tanto nas ciências naturais quanto nas ciências humanas e sociais – continua sendo a melhor escola. Com a condição de que os saberes sejam em parte elaborados coletivamente e que sejam realmente debatidos em classe, e não lançados com toda rapidez para, em seguida, serem controlados por uma prova com nota.

A escola, que dispõe de muito tempo e de condições privilegiadas, únicas na história humana, constitui um substrato inesgotável de cidadania. Cabe a ela explorá-lo. Bourdieu (1997, p. 131) recorda que os campos científicos, mundos sociais como os outros sob muitos aspectos, "são igualmente, *em uma outra relação*, universos de exceção, um pouco miraculosos, em que a necessidade da razão está instituída em graus diversos na realidade das estruturas e das disposições".

Inspirar-se nesse "milagre" para reproduzi-lo no recinto escolar, com a esperança de exportá-lo, não é uma idéia nova. Como observam Dubet e Martucelli (1996, p. 29):

> O vínculo social não pode mais fundamentar-se na fé compartilhada e nas origens comuns, e sim na Razão. Também não é surpreendente que Durkheim reivindique para o professor das séries iniciais essa "parte do sagrado", que era até então apanágio do padre. A rivalidade com a religião certamente não se reduz à luta de duas potências que disputam o controle do povo, pois ela reside em uma profunda confiança na capacidade de a educação realizar utopias e promover o advento, se a palavra não tivesse sido desnaturada em seguida, de um "homem novo". Um sujeito deve "governar a si mesmo" segundo o ideal da modernidade emanado da Reforma e do Iluminismo; ele só pode conquistar sua autonomia incorporando a lei comum, aceitando-a livremente, deixando de vivê-la como uma imposição externa. Essa educação é o preço da formação de um verdadeiro indivíduo moderno.

A crise da cidadania é a expressão de uma forma de modernidade, que encarna aquilo que Touraine (1995) chama de *a escola do sujeito*. Encerrou-se a era da ordem interiorizada por meio da ação perseverante de instâncias de socialização infalíveis, preparando cada um para se tornar um mecanismo dócil de um grande relógio social. Nas sociedades modernas, *a ordem agora é negociada*. Embora nem todos disponham das "mesmas armas", essa negociação garante àqueles que rejeitam as normas poder suficiente para mudar o jogo. O que interessa, portanto, é que a adesão às normas seja voluntária. A violência simbólica que impede de pensar, associada a uma repressão feroz ao menor desvio, já não constitui um dispositivo eficaz a médio prazo.

A alternativa, ao mesmo tempo utópica e racional, é *confiar na inteligência dos sujeitos*. A aposta não deixa de ter riscos, a receita não é infalível. Há pensadores loucos, pesquisadores anti-sociais, cientistas fascistas. Há também mercenários, pessoas que colocam seu saber a serviço de interesses particulares sabendo bem o que estão fazendo. Talvez essa derivação da inteligência seja temperada pelo fato de que os cientistas não poderiam desempenhar corretamente seu ofício sem uma boa dose de descentração e de respeito ao pensamento dos outros, como também aos dados da observação.

A razão não determina, por si só, nem a compaixão, nem a solidariedade. Ainda que seja uma condição necessária de uma ordem social igualitária e negociada, é importante trabalhar nisso. Essa continua sendo ou passa a ser uma prioridade da escola. Porém, a razão não se constrói fora de seu exercício sobre os conteúdos. Por que, então, procurar outros terrenos de exercício, deixando de lado aqueles que se encontram no cerne dos programas?

3
Ciberdemocratização: as desigualdades reais diante do mundo virtual da internet*

As NTICs? Trata-se, e ninguém mais poderia ignorar essa sigla triunfante, das "novas tecnologias da informação e da comunicação". Quem sabe não seriam também os *novos tipos de iniqüidades culturais*?

O mundo muda, os recursos materiais e intelectuais de que necessitamos para viver, agir, realizar nossos projetos renovam-se ao sabor das mudanças tecnológicas. Com isso, muda também a configuração das desigualdades culturais que condicionam o acesso aos recursos. No campo da comunicação, a emergência da escrita e, posteriormente, a invenção da imprensa transformaram nossa relação com o mundo; mais tarde, o telefone, o rádio, o cinema, depois a televisão e o vídeo fizeram o mesmo. Hoje, a multimídia, as redes mundiais, a realidade virtual e, mais corriqueiramente, o conjunto de ferramentas informáticas e telemáticas parecem transformar nossa vida. Elas afetam as relações sociais e as formas de trabalhar, de se informar, de se formar, de se distrair, de consumir e, mais fundamentalmente ainda, de falar, de escrever, de entrar em contato, de consultar, de decidir e, talvez, pouco a pouco, de pensar. Lévy (1997) não teme associar a essas mutações uma cibercultura que acaba de nascer e que já invade tudo.

A escola não pode manter-se à parte dessas transformações. Não faltam espíritos, nem todos desinteressados, para incitá-la a aderir à "revolução numérica". Meu propósito não é combater essa mensagem, mas apenas a

---
* Publicado em *La Revue des Échanges* (AFIDES, v. 15, n. 2, junho de 1998, p. 6-10).

parte de mito libertador e igualitário que muitas vezes veicula: a alienação e as desigualdades intelectuais e culturais manifestam-se de maneiras diversas diante das nova tecnologias e diante do livro, mas não desaparecem com num passe de mágica e podem inclusive agravar-se momentaneamente, ou mesmo permanentemente, se não tomarmos cuidado.

A ESCOLA EM FACE DAS TECNOLOGIAS

É necessário colocar as escolas em rede, introduzir a Internet no universo dos professores e dos alunos. Com toda certeza, como se fez com o vídeo ou com o telefone. Simplesmente para utilizar as ferramentas de hoje e possibilitar, tanto aos professores quanto aos alunos, apropriar-se das de amanhã, e talvez das de depois de amanhã, das quais não temos ainda a menor idéia, no ritmo em que as coisas caminham.

Nada contra a escola apoderar-se das tecnologias. O único limite diz respeito aos recursos: isso custa dinheiro e, sobretudo, exige tempo para instalar os equipamentos, depois para se formar, para mudar os hábitos. Um tempo ainda amplamente consagrado a resolver problemas técnicos sem interesse (*modems*, compatibilidades), que parecerão arcaicos em menos de cinco anos. Um tempo menos estéril dedicado a aprender, pois, ainda que os programas evoluam, o domínio dos atuais é indispensável para acompanhar sua evolução. Finalmente, um tempo ilimitado para explorar o "ciberespaço". Os recursos destinados às novas tecnologias competem com outras prioridades, mas é de se esperar um justo equilíbrio.

O desenvolvimento da Internet traz problemas políticos, econômicos, jurídicos e éticos inéditos: sobrecarga das redes; desigualdade de acesso; controle dos custos reais e de sua distribuição; ausência de controle da validade da informação; impotência da justiça diante de novas formas de propaganda racista, anti-semita, neonazista ou diante da pornografia; incoerência das legislações nacionais diante da globalização da rede; novas formas de fraudes e de falsificações; riscos de atentados sem precedentes à vida privada; desvios publicitários e comerciais de todo gênero. Esses problemas são reais e podem retardar a entrada das escolas no cibermundo, porque nem sempre se consegue reunir as garantias exigidas para as crianças. Contudo, é de se esperar que isso ocorra.

O verdadeiro problema, a meu ver, é pedagógico. Ele está relacionado ao fato de que um uso fácil, inteligente e autônomo da Internet e das redes que a substituirão supõe competências presentes de modo muito desigual no momento em que se abordam essas mídias, cujo desenvolvimento também será desigual. A questão poderia ser colocada a propósito dos professores.

Escola e cidadania **59**

> Peguem o mouse, vamos fazer um ditado!

BARRIGUE

Vemos isso nas universidades, geralmente mais avançadas do que as escolas. A decisão de não mais divulgar certas informações (programas e regulamentos de estudos, relatórios e agendas de aulas, documentos de trabalho, datas e resultados de exames) pela via tradicional cria uma *desvantagem passageira* para aqueles que não estão conectados. Os novos circuitos de comunicação alteram em parte as redes de influência, a formação de opinião e de decisões, a distribuição de informações vitais para o andamento da instituição. Isso modifica por um tempo as relações de força, com vantagem dos pioneiros e em detrimento dos que aderem mais tarde. Sabe-se muito bem que isso não perdurará nos ofícios em que todos dispõem de meios intelectuais de se apropriar das novas ferramentas e que o farão se isso for de seu interesse. Pode-se imaginar que os professores do ensino fundamental seguirão o mesmo caminho, do mesmo modo que os profissionais qualificados.

Mas vamos falar aqui dos alunos. Em um primeiro momento, poderíamos imaginar que eles ficariam de fora, que os professores é que se adaptariam e utilizariam a Internet para o trabalho administrativo e documental, mas também para preparar, enriquecer e mesmo renovar seu ensino, esperando o dia em que a Internet tivesse a ver mais diretamente com os alunos. É provável que esse cenário aparentemente lógico seja desmentido pela realidade, na medida em que as crianças e os adolescentes entram mais rápido do que a maioria dos adultos no mundo dos *videogames* e dos programas. Quando um simples aparelho de TV possibilitar o acesso à Internet – o que é iminente –, as crianças serão as primeiras a encontrar e a explorar os *sites* com desenhos animados e música ou páginas da *web* que respondam às suas preocupações. Se várias empresas estão desenvolvendo programas que possibilitam interditar o acesso das crianças, por meio de um computador familiar ou escolar, a *sites* pornográficos, violentos, racistas ou "fracos", é porque se sabe que elas irão mais rápido do que os adultos, depois que entrarem nesse mundo...

A DESIGUALDADE DIANTE DAS FERRAMENTAS

Quando o professor diz: "Ontem falamos do milho transgênico, e vocês me perguntavam por que as pessoas o temiam. Então, procurei informações na Internet à noite e eis o que encontrei", os alunos podem sentir-se tão distantes do procedimento quanto se o professor tivesse ido à biblioteca ou tivesse telefonado para um amigo biólogo. A Internet continua sendo abstrata para os alunos que não têm oportunidade em casa de formar sua própria idéia a esse respeito.

Quando os alunos têm acesso a um computador, na sala de aula ou em seu meio, e o professor lhes diz: "Vejam se encontram alguma coisa na Internet", a situação é completamente diferente. Se um único aluno faz o trabalho para a classe, imagina-se que ele se dedicará... Podemos hesitar entre o louco por informática, que passa mais horas diante de seu micro, em seu quarto ou em um local de lazer do que na escola, e o bom aluno, cujos pais utilizam corriqueiramente a rede para o trabalho ou para o lazer, que sabem que *Alta Vista* não é o nome de um filme mexicano e que agora se navega de página em página...

Pode-se superar essa desigualdade inicial dando a todos a oportunidade de se familiarizar com um computador – se isso já não é feito para outros usos – e com o acesso aos diversos programas de rede: correio eletrônico, acesso aos *sites* e às "páginas" da *World Wide Web*, recuperação de arquivos (textos, sons, imagens), participação das redes de discussão, audição de programas de rádio ou de vídeo, conversas telefônicas ou vídeo ao vivo, consulta a bases de dados (horários, movimento da bolsa, espetáculos, etc.), comércio à distância (catálogo, encomenda, pagamento eletrônico) e muito mais.

Pode-se treinar também para uma certa destreza nas operações perceptivas e motoras e desenvolver uma boa coordenação entre o olhar e a mão, sem o que a pessoa pode desencorajar-se. Essa destreza é adquirida de forma mais ou menos rápida, dependendo de cada um, mas todos podem chegar a um nível de agilidade compatível com um uso fluente das ferramentas.

Para utilizar a Internet, é preciso ainda dominar uma quantidade não desprezível de conceitos, de procedimentos (conectar-se), de programas. Não é preciso saber "como a coisa funciona", como no caso do telefone, a não ser talvez que não se disponha de um técnico a quem recorrer no início ou em caso de problemas. A aprendizagem não é, portanto, verdadeiramente informática, no sentido rebarbativo freqüentemente associado a essa palavra pelos primeiros usuários: já passou o tempo das siglas e das combinações de teclas esdrúxulas, o texto e as imagens aparecem como em uma tela de televisão, as intervenções do usuário são feitas agora através de ferramentas bastante intuitivas, graças ao *mouse* ou a telas táteis e, em breve, pela voz ou pelo olhar. Qualquer pessoa pode aprender a desenvolver um menu, a preencher um espaço delimitado, a ampliar uma janela. As crianças e os adolescentes parecem menos bloqueados nesse registro do que os adultos; eles não têm tanto medo de desarranjar tudo, experimentam, perguntam, aprendem por tentativa e erro e não se contentam com o mínimo, exploram até possibilidades que não lhes são necessárias.

Se a escola dispuser de recursos, ela conseguirá superar sem muito esforço uma forma primitiva de exclusão e de desigualdade, possibilitando a todos um acesso fácil e familiar às máquinas e aos programas. O problema não está na aprendizagem de gestos e de procedimentos. Essas aprendizagens representam, sem dúvida, um desafio bastante desigual, dependendo do nível de qualificação, mas também da relação com as tecnologias. Há os que se divertem com isso, que adoram, e os que se aborrecem ou ficam assustados. Os primeiros adotam uma atitude ativa e não perdem a oportunidade de ampliar a gama de suas ferramentas e procedimentos de trabalho, enquanto os outros limitam-se ao mínimo exigido, quando não têm outra saída. Por isso, em certas empresas, proíbe-se ou torna-se materialmente impossível o recurso aos antigos métodos. Uma parte dos alunos, por mais jovens que sejam, pode ter as mesmas prevenções, que são as mesmas que se tem diante de diversos tipos de autômatos ou de máquinas.

Superada essa etapa, chega-se àquilo que verdadeiramente faz a diferença: *a capacidade de se mover no cibermundo*, compreendendo as regras do jogo e traçando seu próprio caminho. O domínio dos procedimentos não garante a inteligibilidade das informações e de sua organização – e tampouco a segurança do julgamento sobre sua qualidade e sua pertinência.

A DESIGUALDADE DIANTE DA ABSTRAÇÃO

O uso de redes exige recursos intelectuais clássicos que "fazem a diferença" em inúmeras tarefas escolares:

- a lógica natural, a capacidade de estabelecer relações, de deduzir, de inferir, de compreender as etapas de um procedimento, de conceber o mundo e as mediações, de consolidar métodos e de adaptá-los a cada caso, de inovar ou de pedir ajuda com discernimento, etc.;
- o domínio da escrita ou, no mínimo, da leitura: não obstante a presença da imagem e de todo tipo de grafismos que ajudam a se orientar na tela, é preciso ler rápido e constantemente para navegar na rede e, de maneira geral, para utilizar a informática. Quanto às informações, elas aparecem em grande parte em forma de texto. Hoje é possível solicitar ao computador que leia em voz alta um texto digitalizado, mas isso leva muito mais tempo, não permite a busca seletiva, o cortar e colar, a busca rápida. Em suma, a leitura não encontrou um verdadeiro substituto audiovisual. Bentolila (1996) mostra que o analfabetismo condena a muitas exclusões, entre as quais a informática, que dá acesso a informações, empregos, poderes, trocas;
- a capacidade de decodificar informações audiovisuais, que é bastante solicitada pela multiplicação de mensagens multimídia.

Uma prática regular da informática e das redes pode contribuir para reforçar essas três competências, mas não pode criá-las, nem fazê-las evoluir de maneira fulminante. Por sua constituição, elas funcionam, então, como *trunfos* ou *obstáculos* essenciais na relação com a informática e com a telemática.

Um professor que tem um bom conhecimento de informática, e cujos alunos acessam a rede sem qualquer dificuldade técnica, observa desigualdades tão grandes diante dos recursos do cibermundo como as que constata nas tarefas escolares mais tradicionais. Será que elas representam hierarquias completamente distintas? É pouco provável. Sem dúvida, a dimensão tecnológica pode atrair certos alunos desestimulados diante de uma folha ou de um livro e, inversamente, afastar aqueles que trabalham bem com papel e lápis. Salvo essas nuances, a Internet revelará as mesmas desigualdades que uma experiência científica a ser realizada, um texto a ser resumido ou comentado, uma argumentação a ser construída, um procedimento de projeto a ser desenvolvido. Para encontrar uma informação sobre a soja transgênica, seja em uma biblioteca ou na Internet, é preciso ter uma idéia da engenharia genética, *saber onde procurar*, depois compreender, selecionar e condensar as informações encontradas.

A tecnologia não elimina a desigualdade diante das tarefas intelectuais. Ela pode até *reforçá-la*, dada a relativa abstração das informações numéricas. Pode igualmente reduzi-la, por exemplo, quando as páginas da *web* oferecem ajudas *on-line* ou guiam o usuário de maneira interativa. Uma vez transposto o obstáculo propriamente tecnológico, a informática (tanto local quanto em rede) pode cuidar do usuário de forma mais paciente e menos humilhante do que um ser humano. Pode-se consultar o modo de uso 50 vezes, voltar à página anterior, experimentar sem parecer ridículo. Todo domínio constituído apresenta uma lista de dúvidas mais freqüentes (*Frequently Asked Questions*, FAQ), na qual o usuário encontra uma resposta sem ter de incomodar uma pessoa pouco disponível e sem experimentar a frustração de quem compreendeu apenas um quarto da explicação, excessivamente rápida e completa para lhe ser útil. A ferramenta informática é destinada a milhões de pessoas, que nem sempre têm a seu lado um monitor humano para ajudá-las. Por isso, os programas devem ser autodescritivos e auto-explicativos e, principalmente, tão intuitivos quanto possível. A exploração do cibermundo é, no fim das contas, mais bem assistida do que a exploração de uma biblioteca clássica. Todavia, será que essas ajudas estão à altura da riqueza, da diversidade, do valor diferenciado, da renovação constante das informações? Navegar em um hipertexto é uma operação aparentemente simples, mas cujo domínio – para além do procedimento – requer uma representação dos níveis e das redes de saberes e da informação que provém de um patamar muito elevado de abstração e de complexidade.

Não defendo de modo algum que a escola vire as costas a essas novas ferramentas e aos novos modelos culturais que as acompanham. Com essas novas tecnologias, tudo muda: a comunicação humana, o jogo, o trabalho, a memória coletiva, as formas de troca e de transações, o exercício do poder. Seria desastroso que os profissionais do ensino levassem mais 20 anos refletindo sobre os perigos do progresso e que a escola se tornasse o ambiente de trabalho menos informatizado da sociedade, menos equipado do que a maioria das famílias. Visto que essas tecnologias são incontornáveis e que, não obstante todos os seus efeitos perversos, representam um progresso importante, o papel da escola é, sem dúvida, o de tentar decifrá-las.

O importante é não sucumbir, mais uma vez, ao pensamento mágico de visar obstinadamente à igualdade das aquisições básicas por meio de uma pedagogia ativa e diferenciada. As tecnologias podem contribuir para isso se elas forem dominadas e pensadas nesse sentido, mas não podem resolver o problema da desigualdade e, muito menos, eliminá-lo. Embora não sejam sua causa, elas tornam as desigualdades intelectuais ainda mais *visíveis* e agravam suas conseqüências.

A história do século XX ensina-nos que as revoluções tecnológicas sempre suscitam esperanças ingênuas no campo da educação. Esse otimismo, infelizmente, desarma por algum tempo a luta contra os mecanismos básicos de fabricação do fracasso escolar. Passados cinco ou seis anos, descobre-se que a desigualdade diante da escola continua lá, mesmo que com a fachada um pouco modificada. Será que as pessoas acabarão compreendendo que ela não tem a ver com os conteúdos e com os meios de ensino, e sim com sua aplicação diferenciada? A problemática da *indiferença às diferenças* é tão atual quando se trata de dominar a *World Wide Web* como na primeira aprendizagem da leitura. A ferramenta informática oferece possibilidades de diferenciação mais ricas do que as dos livros de leitura. Contudo, ainda é preciso saber tirar proveito delas para desenvolver competências, suscitar projetos, criar situações-problema, avaliar de maneira formativa, regular em função de objetivos claros e realistas, desenvolver dispositivos, uma organização do trabalho, formas de cooperação e uma cultura que propiciem a diferenciação (Perrenoud, 1995, 1997b).

CIDADANIA E REDES

Além do uso "fácil, inteligente e autônomo" da informática e das redes, impõe-se um desafio maior para as democracias: o controle das tecnologias. No mundo telemático, a realidade apresenta-se sob aspectos concretos, visuais e lúdicos evocados pelos jogos eletrônicos. Porém, não há nada mais abstrato e difícil de compreender do que os mecanismos de decisão que agem no desenvolvimento das redes e a incidência destes na cultura e no exercício do poder. Hoje já se operaram mudanças irreversíveis, que ninguém verdadeiramente previu, e muito menos debateu ou decidiu enquanto era tempo. A rede das redes, sob certos aspectos, realiza uma democracia direta e planetária. É, ao mesmo tempo, a expressão de uma sociedade dual, em que uma minoria de decisores e de especialistas desenha o futuro da maioria. Lévy (1997) evoca a "classe virtual" daqueles que organizam o desenvolvimento das indústrias da comunicação e definem as regras do jogo, contestando a tese do complô, mas reconhecendo uma redistribuição de cartas e uma reconfiguração das relações de força.

A médio prazo, a desigualdade diante da política de desenvolvimento das comunicações é mais inquietante para a democracia do que a desigualdade de acesso à rede. A escola é um dos raros lugares que poderia proporcionar a todos os instrumentos de compreensão e de controle das mudanças em curso. Atualmente, insiste-se muito na educação para a cidadania como uma de suas tarefas prioritárias. As pessoas precisam se dar conta de que, cada vez mais, se votará com um *mouse*. A Internet transformará os costumes políticos tanto quanto a televisão. Mas isso não é o essencial: as indústrias de *software* e de telecomunicações já têm mais poder sobre o futuro do mundo do que os Estados. A escola se preocupa com isso? Para falar com conhecimento de causa, ela não pode, evidentemente, permanecer à margem das novas tecnologias. No entanto, seu papel vai muito além desse "nivelamento". Só ela pode explicar e proporcionar as ferramentas para compreender e exercer um controle democrático. Essas ferramentas são as competências, os conhecimentos, a identidade a que todos têm direito e que é necessária. A Internet e outros desenvolvimentos tecnológicos só vêm confirmar que *a desigualdade diante da escola continuará sendo um problema da maior relevância no século XXI.* A modernidade agrava os desafios, a não ser que nos resignemos a uma sociedade dual, no registro não apenas do emprego e da renda, mas também da cultura e do poder.

A exclusão, que hoje é denunciada com tanta insistência, tem sempre uma face visível – a desigualdade de acesso a bens, serviços, informações – e uma face oculta – a compreensão desigual das instituições, das leis dos mercados, das forças e das estratégias que governam o mundo. Para lutar contra a primeira exclusão, é preciso ir bem além da iniciação. Para compreender a segunda, é preciso simplesmente que a escola faça seu trabalho principal: *proporcionar a todos os meios de pensar livremente,* para oferecer uma alternativa à guerra civil aberta ou latente (Meirieu e Guiraud, 1997). A Internet acentua essa exigência, como tudo o que torna o mundo mais complexo. Assim, seria pueril acreditar que a mera introdução das redes na escola representa um progresso. Quando lhes falarem de NTICs, pensem também em "Novos Tipos de Iniqüidades Culturais"!

4
Competências, solidariedade, eficácia: três áreas de exploração para a escola*

O sistema educacional mantém uma relação complexa com a sociedade que lhe proporciona os recursos, a legitimidade e as finalidades e, ao mesmo tempo, coloca "obstáculos em seu caminho" e lhe faz exigências contraditórias. A sociedade é todo mundo e ninguém. A escola não é mais coerente. Portanto, os vínculos entre essas duas entidades complexas não poderiam ser simples, pois se *a escola está na sociedade*, vale lembrar, com Mollo (1970), que, inversamente, *a sociedade está na escola*. A escola não é um mundo social separado do restante do sistema; nela se observam mais ou menos os mesmos conflitos, as mesmas diferenças, as mesmas apostas que na sociedade global ou em outras organizações.

Quais são as principais missões da escola hoje? A resposta a essa pergunta só pode ser ideológica. Como sociólogo da educação, vou me aventurar, então, além do que a pesquisa pode afirmar. Sobre as questões de valor, nada é passível de resolução a partir da ciência. Diante da pergunta de Meirieu (1995b): "*A pedagogia se resolve nas ciências da educação?*", a resposta é não. Não se pode responder apenas com base no conhecimento de todas as questões colocadas pelos sistemas educacionais, mesmo que se procure fundamentar nos saberes estabelecidos pela pesquisa em educação.

Minha análise se articulará em três partes:

---
* Versão ligeiramente resumida de um texto publicado nas Atas do Congresso "L'école chrétienne et les défis de notre temps". Bruxelas: Secretária Geral de Ensino Católico, 1998, p. 24-25.

1. Igualdade: competências para todos.
2. Cidadania: solidariedade de todos com todos.
3. Eficácia: agir dando o máximo de si.

Essas três utopias fariam um sociólogo realista rir... Porém, a evolução vai nesse sentido. A sociedade muda, cria novas expectativas em relação à escola. É preciso desesperar-se para parecer inteligente? De todo modo, será que temos escolha? O projeto de educar e de instruir está sempre ao lado do pensamento positivo.

Na educação, o discurso utópico satisfaz os inovadores mais ingênuos. Os mais audaciosos encontram uma via estreita, sem muitas ilusões nem muito cinismo, entre realismo conservador e idealismo devoto. Não se trata de crer cegamente na mudança, mas apenas o suficiente para se manter um pessimista ativo ou um otimista prudente. O importante é que os inovadores não caiam das alturas se, depois de muitos anos de imensos esforços, não tiverem conseguido educar para a cidadania ou erradicar o fracasso escolar... A mudança é uma história sem fim. Mais uma razão para se mobilizar de imediato!

COMPETÊNCIAS PARA TODOS

Caminhamos a passos largos para uma *sociedade dual*: uma minoria maneja as alavancas de comando, orienta o desenvolvimento e a produção, detém os saberes e extrai mais do que lhe cabe do produto nacional. Os outros, quando têm oportunidade, dispõem de um emprego e não são excluídos do progresso, mas não participam da construção do futuro comum. Quanto aos sem-teto e outros desamparados, a preocupação com o dia seguinte priva-os da própria idéia de que poderiam contribuir para as orientações da sociedade.

A escola seleciona entre aqueles que têm pela frente o caminho mais seguro dos estudos longos, e talvez do êxito social, e aqueles que não contam com essa oportunidade. Os sistemas educacionais embaralharam as cartas, ampliaram suas fileiras, mas não conseguiram mascarar o fato de que há pessoas que deixam a escola sem dispor de conhecimentos e competências muito diversos e, portanto, com menos possibilidade de acesso não apenas ao emprego e ao consumo, como também aos processos de decisão que comandam nosso futuro coletivo e aos recursos que permitem a cada um viver de forma autônoma. Apesar do discurso sobre a igualdade de oportunidades, sabe-se que "alguns são mais iguais do que os outros": estatisticamente, filhos de executivos e filhos de operários não têm o mesmo destino.

Essa desigualdade agrava-se pelo fato de que ainda somos prisioneiros de uma lógica segundo a qual, para que alguns tenham um nível elevado de educação, os outros necessariamente têm de ser privados dela. A educação lembra, muitas vezes, um "jogo de soma zero", como se uns só pudessem ser bem-educados à custa do fracasso escolar de outros. Essa é uma lógica arcaica. Nas sociedades desenvolvidas, os orçamentos públicos são apertados em função de uma escolha política. Seria possível encontrar os meios de educar a todos se houvesse vontade para isso.

Se o fracasso escolar e as enormes desigualdades persistem, pode-se concluir, com base na teoria pura e dura da reprodução, que *a sociedade não quer uma igualdade de competências ou de aquisições*. A esse respeito, nossos contemporâneos fazem afirmações bastante contraditórias. Dizem que é preciso preparar elites, que nem todos podem aspirar às posições mais invejáveis. E dizem, ao mesmo tempo, que todos devem ter competências de alto nível em uma sociedade complexa e em constante transformação. Não é seguro que a demanda social de hoje leve a fabricar o fracasso tão intensamente quanto no início do século XX. Em 1904, na França, 4% dos adolescentes cursavam o ensino médio. Hoje esse índice está entre 60 e 70%. A sociedade mudou, a educação em massa progrediu, embora as chances de acesso ao ensino médio ainda dependam em grande parte da origem social. Assim, o copo está metade vazio, metade cheio. Começa-se a avaliar os riscos de uma educação avidamente ajustada às necessidades imediatas da economia. Não estamos em um impasse, mas operamos em uma área de exploração em constante evolução.

Identificar as competências essenciais

Há 20 anos, era possível dizer: "Conhecimentos para todos", e era o que se dizia. Reivindicar competências para todos não seria simplesmente a expressão em moda para dizer a mesma coisa? A idéia continua sendo proporcionar formação a todos em um nível evidentemente mais elevado do que o de saber ler, escrever e contar pretendido no século XIX. No entanto, a mudança de linguagem insiste sobre o fato de que não basta acumular saberes, que é preciso ser capaz de *transferir*, de *utilizar*, de *reinvestir* e, por conseguinte, de *integrar* esses saberes a competências (1997a).

As competências mobilizam conhecimentos, mas não se reduzem a eles. Manifestam-se na capacidade de um sujeito de mobilizar diversos recursos cognitivos para agir com discernimento diante de situações complexas, imprevisíveis, mutáveis e sempre singulares (Le Boterf, 1994; Perrenoud, 2000a).

Desenvolver competências é possibilitar aos estudantes:

- por um lado, *adquirir esses recursos*, entre os quais saberes, técnicas, métodos;
- por outro lado, *exercitar-se para mobilizá-los* em situações complexas.

É um novo desafio para uma escola que, durante muito tempo, limitou-se a convocar os alunos a acumular saberes, sem se preocupar muito com sua transferência e sua mobilização fora das situações de exercício e de avaliação escolares. Evidentemente, na pré-escola e nas primeiras séries do ensino fundamental, o sistema educacional concentra-se no desenvolvimento de competências básicas, como saber ler ou calcular. Em seguida, ele emite saberes durante uma boa dezena de anos dizendo a si mesmo que "isso pode ser útil um dia", sem jamais mostrar claramente em que situações. A referência que resta, então, é a exigência de estudos longos, para os quais o ensino fundamental por hipótese deve preparar. Só se percebe verdadeiramente uma lógica das competências na formação profissional, isto é, bem mais tarde, nos cursos superiores e em relação a orientações relativamente específicas para ofícios ou grupos de profissões.

A abordagem por competências durante toda a escolaridade básica é uma forma de revolução cultural que vai muito além de uma mudança de vocabulário. A Bélgica, com as plataformas de competências, adotou essa via, articulando-a ao trabalho em ciclos de aprendizagem. Porém, assim como em outros países, está apenas se começando a compreender o que seria um currículo baseado nas competências e a avaliar a mudança radical que isso pressupõe nos programas e nas práticas de ensino e de avaliação.

A abordagem por competências recoloca de outra maneira o problema da *transposição didática*. Os programas escolares "clássicos" são programas conceituais, listas de conteúdos que se referem amplamente aos saberes mais bem estabelecidos. A transposição didática nunca é completa, pois, para modernizar regularmente os programas e os meios de ensino, a escola deve ater-se aos desenvolvimentos corriqueiros das disciplinas (física, biologia, história, geografia, etc.). Ao se trabalhar sobre competências, no entanto, depara-se com um problema de outro porte e, antes de tudo, com a questão das competências consideradas necessárias para viver em uma sociedade do século XXI, isto é, para governar sua existência, constituir uma família, trabalhar, enfrentar o desemprego sem se destruir, votar, participar, formar-se, organizar seu lazer, gerir seus bens, ter uma certa independência em face das mídias, cuidar de sua saúde, compreender o mundo.

Todos reconhecerão, sem dúvida, que essas competências são úteis. Será que o papel da escola é ajudar todos os alunos a construí-las? Se a resposta é sim, resta, pois, para que se traduzam em objetivos de formação, identificá-las, analisar com precisão seu funcionamento, descrever os diversos contextos em que são aproveitadas e inventariar os conjuntos de recursos, particularmente conhecimentos, que mobilizam. Hoje não há um consenso sobre essas questões. A OCDE* está desenvolvendo um programa de pesquisa sobre esse tema, o que mostra bem que a questão não está resolvida.

Em uma sociedade desenvolvida, as competências de que *todos* necessitam não dizem respeito às situações de trabalhos mais especializados, para os quais, em princípio, há as formações profissionais. O desafio da escola obrigatória são as competências que fazem de nós não apenas trabalhadores, independentes ou assalariados, mas seres autônomos, cidadãos responsáveis, pessoas que têm uma vida privada, familiar, espiritual, sexual, associativa, de lazer, de engajamento em diversos projetos e em diversas causas. Essa reflexão não é apenas técnica; ela coloca, antes de tudo, a questão das *finalidades da escola*. É urgente reconstruir uma transposição didática com base em sondagens sérias a respeito do que as pessoas precisam efetivamente para viver, refletir, formar-se e atuar em todos esses registros.

Esclarecer o estatuto dos conhecimentos e das disciplinas

Nem todos os conhecimentos ensinados na escola pretendem justificar-se como recursos para atuar na vida. Alguns se apresentam como *bases* para uma formação posterior e mesmo como ferramentas de seleção. A hipertrofia dos programas é resultante dessa acumulação de conteúdos que é preciso ter "visto" para ingressar no ensino médio e depois na universidade. Enquanto a lógica dominante do ensino básico preparar para os estudos longos, enquanto se pretender antecipar alguns anos na formação superior, se estará sacrificando a formação de competências úteis à maioria! Pode-se imaginar uma escola que não seja a propedêutica de estudos superiores, mas simplesmente uma *preparação para a vida*, remetendo a aquisição de certos saberes científicos pontuais às séries pós-obrigatórias especializadas, nas quais eles são indispensáveis. Será que é preciso mesmo, em particular no ensino médio, sobrecarregar os programas de conceitos novos simplesmente para aliviar os primeiros anos de estudos universitários e impor a todos saberes que só terão sentido verdadeiramente em orientações posteriores muito específicas?

Minha proposição não conduz de modo algum a renunciar a um ensino científico ou literário de bom nível no ensino obrigatório, mas sugere não conformá-lo inteiramente, desde o início do curso, às expectativas presumidas do ensino pós-obrigatório geral (nível médio), e mais ainda das faculdades de ciências ou de letras. Referi-me a expectativas "presumidas" das faculdades, pois talvez estas preferissem estudantes autônomos, que manejassem com facilidade os métodos básicos do trabalho intelectual a alunos que já tivessem

---

*N. de R.T. Organização para a cooperação econômica e desenvolvimento. Organização internacional que tem por objetivo auxiliar os governos a solucionar os desafios econômicos, sociais e administrativos.

uma ampla cultura disciplinar. Além disso, ainda há muitas ilusões sobre o estatuto teórico dos saberes escolares. Astolfi (1992, p. 45)adverte-nos:

> Os saberes escolares adorariam investir-se das virtudes do teórico, que lhe conferiram a legitimidade que buscam. Se não o conseguem, é porque falta desenvolver um verdadeiro trabalho de prática teórica, pois só ele possibilitaria a utilização de conceitos fundamentais e ativos em cada uma das disciplinas.

A universidade teria todo interesse em que seus alunos já possuíssem um *habitus* e uma prática *teóricos*, a partir dos quais eles poderiam assimilar rapidamente os conhecimentos disciplinares que lhes faltam. É possível que a verdadeira resistência esteja no nível do ensino médio, como revela a consulta nacional realizada na França. Nesse nível, não se encontra uma cultura orientada nem para a ação, nem para a teoria e a pesquisa, mas uma cultura especificamente *escolar*, para não dizer "escolástica".

Não se trata mais de voltar as costas à cultura geral e aos seus aspectos identitários. Descobrir – por si e com outros – o sentido da existência humana exige competências do mesmo modo que encontrar a alma gêmea ou conseguir uma moradia boa e barata. Não há nenhuma razão para limitar as competências à esfera prática e reservar os saberes às altas esferas do espírito. Há saberes triviais, e por isso respeitáveis, e competências intelectuais e espirituais sem valor de uso na vida pública. A vida, mesmo cotidiana, não é a vida prática!

Haveria, em síntese, duas razões para justificar a presença de saberes definidos em um currículo:

- seja como bases específicas de estudos posteriores, ou mesmo de uma seleção ou de uma certificação que exigem seu domínio; nesse caso, é preciso expô-los;
- seja como recursos a serviço de competências úteis a todos; nesse caso, é preciso identificá-los.

Hoje não se deveria mais permitir nos programas a manutenção de saberes cuja única justificativa é que são interessantes ou que sempre estiveram lá. Não pela preocupação de estabelecer a ordem, mas porque, se pretendemos abrir espaço na escola obrigatória para a construção de verdadeiras competências, temos de modificar de forma bastante radical as "relações de força" entre conhecimentos e competências. Gosto da fórmula de Gillet (1987), que propõe atribuir às competências um *"direito de gerência"* sobre os conhecimentos.

Em vez de conceber o programa escolar como um conjunto de conhecimentos que se espera que um dia tenham utilidade, seria melhor direcioná-lo para o desenvolvimento de competências específicas e ensinar prioritariamente saberes que funcionem como verdadeiros recursos. Poderíamos enxugar e descompartimentar as disciplinas utilizando o critério da probabilidade de mobilização dos saberes a serviço de competências identificadas. Nesse momento, constataríamos que inúmeros saberes ensinados na escola são mobilizados muito raramente por competências identificáveis, e nem por isso constituem fundamentos evidentes de estudos posteriores. Perde-se muito tempo na escola para assimilar conhecimentos que são esquecidos rapidamente, porque nunca são integrados a procedimentos de ação, não são mobilizados para nenhuma competência essencial e não são retomados ou aprofundados ao longo das séries.

Evidentemente, é fácil falar. Para enxugar e reorganizar os programas nesse espírito, é preciso discutir a carga horária de cada disciplina e também os horários, ao menos enquanto todos continuarem refugiando-se em sua especialização disciplinar. Quando se examina um programa para desbastá-lo, todos sabem muito bem o que acontece: no fim das contas, tem-se a impressão de que tudo é absolutamente indispensável. Parece que não se pode renunciar a nenhum conceito, a nenhum capítulo, a nenhuma obra, a nenhuma teoria sem pôr em perigo a cultura.

A quem pertencem as competências? Algumas são do domínio disciplinar e provêm de especialistas, incumbidos de trabalhar por si mesmos tanto a mobilização quanto o domínio de recursos em sua área. Outras competências – às vezes chamadas de transversais – não pertencem propriamente a nenhuma disciplina e mobilizam recursos provenientes de muitas delas, assim como de saberes do senso comum, não-disciplinares.

É preciso então encontrar espaços-tempos inter ou pluridisciplinares, centrados na mobilização de recursos heterogêneos. Não se trata de abrir mão de ensinar os conhecimentos disciplinares, mas de *fazer com que eles contribuam para as competências* que, até certo ponto, os transcendem. A partida não está ganha nem no plano da clareza conceitual, da formulação dos programas e das plataformas de competências, e muito menos no plano da adesão a esse modelo cultural de uma boa parte dos professores que, no fundo, dominam conhecimentos, estão bastante felizes com isso e, às vezes, vêem-se como modelos de pessoa culta. De fato, se uma parte dos professores, particularmente os das séries finais do ensino fundamental e do ensino médio, não quer ouvir falar de competências, talvez seja porque isso reduziria a parte dos saberes disciplinares que só se justificam em uma visão enciclopédica, mas que estão na origem de sua identidade.

O pior seria *fingir* que se está formando competências, de modo a imprimir uma certa modernidade, sem com isso desagradar ninguém, visto que nada mudaria verdadeiramente. Na França, nos novos programas das séries finais do ensino fundamental, surgiu uma coluna inédita: a das competências. Olhando mais de perto, constata-se que figuram ali conteúdos considerados até então como conhecimentos, aos quais se acoplou um verbo de ação. Utilizar a lei de Ohm não é uma competência, só uma insistência, certamente bem-vinda, sobre um início de mobilização de um saber declarativo ou procedimental.

Para ir além de uma mudança de rótulo, é preciso ter a coragem de assumir as implicações de uma abordagem por competências para a organização dos programas, o tempo destinado aos diversos âmbitos, a avaliação e as maneiras de ensinar e de gerir a classe, com um número impressionante de renúncias a fazer, particularmente a renúncia aos conhecimentos que não se ensinarão mais, porque não constituem fundamentos de aprendizagem posterior, assim como não contribuem para desenvolver competências identificáveis.

Essa tensão é absolutamente inegável. Não se pode formar seriamente para competências *sem aliviar bastante os conteúdos* dos conhecimentos e sem colocá-los com mais freqüência e mais especificamente a serviço dessas competências. É normal que o sistema educacional e o pessoal do ensino estejam divididos sobre essas questões, em nome de visões diferentes da cultura e das finalidades do ensino.

Alguns ficaram desconfiados com a rápida adesão do mundo econômico à linguagem das competências. A noção de competência está em voga nas empresas e no mundo profissional, onde estão ligadas ao questionamento do conceito de qualificação, à tendência à flexibilidade do trabalho e ao aumento do rendimento dos "recursos humanos". Essa "coincidência" é um desserviço à causa das competências no mundo escolar. Uma parte dos professores, aqueles de esquerda (mas que nem por isso são pedagogos inovadores), interpretam-na como uma recomendação do mundo da economia ao sistema educacional, supostamente para servir seus interesses em detrimento da cultura e dos saberes. Isso os leva a rejeitar inteiramente a abordagem por competências, considerada tecnocrática, pragmática, utilitarista, ligada ao mundo mercantil e à alienação dos trabalhadores.

Existem questões verdadeiras, mas também o risco de grandes confusões. Se há um acordo sobre a palavra e a idéia de competência, não se tem uma convergência nem sobre as práticas sociais de que se trata, nem sobre as competências a construir a partir da escola. Não é seguro que saber negociar, argumentar, contestar, ter sua vida nas mãos, constituir um ator coletivo, coordenar um movimento, criar uma rede de cooperação sejam exatamente as competências que as empresas têm em mente, ainda que, em certos setores, elas requisitem mais iniciativa de seus assalariados. Pode haver ali uma *visão emancipadora das competências* como também dos saberes, mas igualmente uma visão *conservadora* de ambos. A verdadeira clivagem não deveria passar entre os que falam de competência e os que valorizam os saberes, e sim entre aqueles que colocam o indivíduo a serviço do sistema econômico e os que defendem o oposto. Essa clivagem preexiste ao debate sobre as competências e sobreviverá a ele, pois faz parte do confronto de modelos de sociedade.

Organizar-se para construir e avaliar competências

Não basta visar à formação de competências, explicitando-as em uma "plataforma" ou em um programa, para que elas sejam efetivamente levadas a sério no trabalho cotidiano dos professores ou dos alunos. A "passagem ao ato" esbarra em inúmeras dificuldades. O que os professores sabem e gostam de fazer é transmitir conhecimentos de maneira mais ou menos ativa, remetendo a outras etapas da escolaridade o exercício de sua transferência e de sua mobilização em outros contextos. Por exemplo, um professor de biologia pensará normalmente que seu papel é assegurar as bases teóricas e metodológicas em sua disciplina. Ele não se oporá, em princípio, a que esses saberes fundamentais ajudem eventualmente a resolver problemas concretos de saúde e de higiene, mas isso se dará de algum modo "por acréscimo", sem ocupar ainda mais o tempo de ensino que – parcimoniosamente, dirá ele – lhe é atribuído.

Se todos os especialistas das disciplinas no ensino geral pensam assim, não é de se surpreender que o trabalho de mobilização e de integração seja delegado à formação profissional. Porém, esta última, na melhor das hipóteses, só se preocupa com as competências ligadas especificamente a um ofício. Assim, para muitas pessoas, uma parte importante dos saberes escolares permanece infecunda, sem qualquer utilidade na vida privada, associativa, cultural, política, porque sua mobilização não foi treinada na escola, porque são apenas "matérias de exame", e os que adquiriram esses saberes não os percebem como recursos para a vida.

As competências não se ensinam, mas se constroem graças a um *treinamento*. Aprende-se fazendo, ao sabor de uma prática reflexiva, com um apoio, uma regulação e um *coaching**. Não se trata de aprender tudo sozinho, por tentativa e erro, mas tampouco de se exercitar simplesmente para seguir um procedimento, um modo de uso ou uma receita. Para desenvolver competências, é preciso confrontar-se pessoalmente, de forma ao mesmo tempo repetida e variada, com situações complexas e empenhar-se para tentar dominá-las, o que, aos poucos, leva a integrar saberes, habilidades mais estritas, informações, métodos para enfrentar, para decidir em tempo real, para assumir riscos. Isso demanda tempo, não podendo ser feito no ritmo desenfreado da transmissão de saberes descontextualizados.

Um professor pode percorrer em ritmo acelerado o "texto do saber". Se os alunos não compreenderam, se não terminaram os exercícios, tanto pior,

---
*N. de R.T. Em inglês, termo que significa acompanhamento individual.

ele segue adiante para "fechar o programa". A partir do momento em que se dispõe a estabelecer situações em que os alunos tenham de se esforçar, atingir um objetivo, praticar, discutir, refletir sobre o que fazem, o conteúdo que poderia ser passado em meia hora de discurso marginal leva uma manhã de trabalho. Portanto, já não se pode mais fazer tudo, é preciso escolher. É preciso, sobretudo, *criar situações de aprendizagem* que sejam geridas de maneira completamente distinta de uma sucessão de lições e exercícios. Se a meta da formação geral é orientar para competências, ela deve inspirar-se mais em certos dispositivos de formação profissional e de educação dos adultos, como estudos de caso, jogos de papéis, procedimentos de projetos, simulação, métodos ativos e contextualização de problemas.

Antes de abordar as situações e os procedimentos didáticos, gostaria de insistir no fato de que a abordagem por competências tem conseqüências importantes para a avaliação. Quando se avaliam conhecimentos, não se desenvolvem competências. É preciso que as competências sejam avaliadas, de modo a formar e certificar, para que a intenção de desenvolvê-las tenha *credibilidade*. Sem isso, nem os pais, nem os alunos, nem os professores se empenharão. Por que se sacrificar por aprendizagens que não seriam validadas na etapa de avaliação? Porém, a avaliação de competências não se faz com testes de papel e lápis e menos ainda com QCM*. Ela se faz em situações reais, que não podem ser padronizadas, sincronizadas. Assim, está mais próxima do ateliê artístico ou de um treinamento esportivo: a transmissão condensada de um saber é limitada em proveito de uma prática que o formador observa, delimita, regula e avalia sobre essa base, muito longe das provas escritas ou dos testes orais clássicos realizados no ambiente escolar.

Os professores das séries iniciais do ensino fundamental não ficam tão assustados quanto seus colegas das séries seguintes com a abordagem por competências, porque ela lhes é mais familiar e parece mais compatível com as limitações horárias, os objetivos da educação básica e o teor dos programas, menos estruturados em disciplinas e em saberes. A partir da 5ª série, formar para competências é um *ofício novo* para muitos professores (Meirieu, 1990a). As pessoas que "escolheram" esse ofício para transmitir conhecimentos talvez não estivessem engajadas nele se pudessem ter escolhido desenvolver competências. O trabalho por competências dá ao professor uma *outra posição*, exige *outras habilidades didáticas*, um *outro contrato pedagógico*, uma outra *gestão da sala de aula*, uma *outra avaliação*, coisas que podem legitimamente causar medo. É preciso levar em conta essa realidade, de adesões ou recusas *a priori*, mas também os desafios de formação e de reconversão, que são obstáculos à evolução das práticas.

---

*N. de R.T. Trata-se de um teste de medida de inteligência.

Explorar uma pedagogia ativa e os procedimentos de projeto

Projetar e pôr em prática regularmente situações que desenvolvem competências conduz àquilo que podemos chamar, para sermos breves, de métodos ativos, pedagogias novas, procedimentos de projeto, trabalho por problemas abertos e situações-problema. É a esse preço que se pode colocar os alunos diante de situações que exercitam a mobilização dos saberes adquiridos e a assimilação de outros saberes.

Os procedimentos de projeto mais clássicos pretendem colocar os alunos diante de um desafio real, com um objetivo mobilizador. Em contrapartida, a atividade não pode ser planejada com detalhes, a participação dos alunos não é controlável e os processos de aprendizagem produzidos por um procedimento de projeto não são fáceis de serem organizados e administrados, nem mesmo de serem previstos. Elas são suscetíveis inclusive de agravar as desigualdades, pois, em um procedimento de projeto, geralmente prevalece a lógica do êxito, o que explica a tendência a não dar o papel principal ao gago em uma peça de teatro. Em um procedimento de projeto, deve-se ter êxito e, por isso, faz-se o melhor uso das competências disponíveis, o que significa que se priva de oportunidades de aprender aqueles que mais necessitariam disso... Mesmo um procedimento de projeto consciente desse desvio não controla verdadeiramente as aprendizagens (Perenoud, 1998c, 2002f).

Por esse motivo, sem voltar aos cursos tradicionais, é importante recorrer paralelamente ao trabalho por problemas abertos e situações-problema, que são, sem dúvida, *situações problemáticas*, porém concebidas e construídas por didatas ou pelo professor para que o aluno enfrente e, se possível, supere obstáculos cognitivos específicos.

Diferenciar o ensino, individualizar os percursos de formação

O fato de trabalhar para desenvolver competências não significa que os mecanismos produtores da desigualdade desaparecerão como por um passe de mágica. Contudo, isso pode atenuá-los, por duas razões:

1. Essa maneira de trabalhar dá mais sentido ao trabalho escolar. Sabe-se que a falta de sentido é um dos obstáculos à aprendizagem. Aprender regularmente, por meio de exercícios, saberes totalmente descontextualizados, que não se sabe para que servem, não é mobilizador para os alunos que não têm a herança cultural e a relação com o saber necessários para se esforçar "gratuitamente", e mesmo de forma lúdica, nessas tarefas (Develay, 1996; Charlot, Bautier e Rochex, 1992). Uma abordagem por competências está mais próxima

da vida, mais próxima do trabalho e da decisão. Portanto, ela pode "falar" a um certo número de alunos que normalmente estão a mil léguas da cultura escolar.
2. Ela afasta menos aqueles que têm mais facilidade para fazer do que para falar. Mesmo o uso da língua modifica-se: para enfrentar uma situação, utilizam-se e exercitam-se outras competências verbais, além de responder a um teste oral ou participar de uma aula. Isso não deixa de ter relação com os mecanismos geradores do fracasso escolar.

Dito isso, não há nenhuma razão para se derramar em um discurso piedoso. Seguramente, a "indiferença às diferenças" produzirá os mesmos efeitos do que se trabalharmos sobre conhecimentos ou competências. Por isso, uma pedagogia das competências deve ser também uma *pedagogia diferenciada*, uma pedagogia que individualize os percursos de formação (Perrenoud, 1997b).

Pode-se começar a desenvolver uma pedagogia diferenciada no espaço da sala de aula. No entanto, a individualização dos percursos de formação exige, pelo menos em alguns momentos, que se rompa essa fronteira para trabalhar em espaços-tempos mais abertos, mais amplos, coordenados por equipes pedagógicas. É preciso insistir nisto: não se trata de ensino individualizado, nem de uma forma generalizada de tutoria. O que é individualizado é *o caminho seguido pelo aprendiz*.

A preocupação com uma forte individualização dos percursos de formação conduz aos ciclos de aprendizagem. A Bélgica aderiu a isso, assim como outros países. Também lá, a reflexão está apenas no início, e tateia-se para conceber "autênticos" ciclos de aprendizagem. Em sua definição *mínima*, um ciclo de aprendizagem é uma seqüência de graus (ou níveis, ou séries, segundo as terminologias nacionais), entre os quais não há repetência. Isso é indispensável, como mostra Crahay (1996), mas não é suficiente! Explorar verdadeiros ciclos de aprendizagem é ter objetivos de fim de ciclo e considerar que um ciclo de dois anos, ou mesmo de três ou quatro anos, é um *todo indivisível*, confiado em seu conjunto a uma equipe pedagógica, que tem muitos anos pela frente para atingir os objetivos e que se prepara para isso à sua maneira. Em certo sentido, transpõe-se a lógica de um ano escolar para uma seqüência de anos geridos em continuidade, com uma responsabilidade global e uma autonomia de organização interna. Não deixa de haver avaliação formativa ou balanços intermediários, mas não há possibilidade de repetências ou de exclusões durante o ciclo, utilizando-se os balanços para gerir as progressões e aproveitar melhor o tempo que resta (Perrenoud, 2002a).

A instauração de ciclos é, sem dúvida, uma condição necessária para uma abordagem por competências, mas essa guinada organizacional representa, por si só, um desafio maior, que provoca mal-entendidos e resistências.

SOLIDARIEDADE DE TODOS COM TODOS

Não basta instruir-se para ser honesto. Para quem luta contra o fracasso escolar, é difícil admitir que alunos bem-formados podem tornar-se adultos egocêntricos e cruéis. Porém, não há nenhum mistério nisso: quando se é mais instruído, tem-se mais escolhas – inclusive a de não ser honesto – e mais recursos para não ser preso. As manipulações genéticas, a especulação imobiliária, a guerra, a tortura, o genocídio, o crime organizado, a delinqüescência econômica, o superarmamento, as poluições industriais, o extermínio de certas espécies animais para fins lucrativos, a exploração do trabalho, a exclusão, a destruição da biosfera e algumas outras calamidades são obras de cientistas, pessoas que têm um alto nível de formação e que vendem seu saber a quem oferecer mais. Pode-se encontrar excelentes químicos para purificar drogas, excelentes juristas para fraudar o fisco, excelentes informáticos para piratear as bases de dados do governo... Infelizmente, o saber não garante nem a solidariedade, nem a honestidade. A elevação do nível médio de instrução e de inteligência coletiva não é garantia de progresso.

Será que é missão da escola civilizar, tornar honesto, solidário, em uma civilização que não o é inteiramente, que abriga o melhor e o pior? Por que a escola seria mais virtuosa do que a sociedade que a sustenta? Simplesmente porque se delega a ela esse papel, protegendo-a, em contrapartida, de comprometimentos e da violência do mundo, porque ela pode ser um baluarte contra a selva e a guerra civil (Meirieu e Guiraud, 1997).

Evidentemente, há um outro problema: supondo que se queira educar para a solidariedade e que se acredite que isso é possível, resta saber como agir em uma sociedade pluralista, individualista, midiática, planetária, em que a educação moral falhou. Como fazer isso, sabendo que esse projeto vem de longa data e que, até o momento, não se chegou a resultados realmente satisfatórios?

Contra a indiferença, contra a violência

Reiteradamente, preocupamo-nos com a violência. Mesmo que ainda não esteja presente em todos os nossos recintos, em todos os nossos estabelecimentos, ela existe. Há uma coisa que talvez seja mais inquietante, embora cause menos alarde: a indiferença.

Especialista da psicodinâmica do trabalho, Dejours (1993, 1998) estuda particularmente o sofrimento no trabalho, em todos os tipos de ofícios, e os mecanismos de defesa que ele engendra. Inúmeros assalariados vivem receosos ou são submetidos a toda sorte de mecanismos de controle, de competição, de pressão por rendimento. A ascensão do desemprego e do neoliberalismo aumenta o sofrimento no trabalho dos que ainda têm um emprego e sobre os quais se exerce uma pressão crescente em todos os setores regidos pelo mercado e pela corrida ao rendimento. Produzir cada vez mais com cada vez menos mão-de-obra é, em linhas gerais, a política de todas as empresas e de várias administrações públicas.

Os que ainda têm emprego deveriam sentir-se solidários com os desempregados, que representam algo que pode ocorrer com eles. Todavia, afirma Dejours, demonstram uma indiferença impressionante. Segundo uma pesquisa de 1980, realizada na França, a grande maioria das pessoas entrevistadas considerava que, se a taxa de desemprego ultrapassasse 4-5%, haveria uma explosão social. Entretanto, a taxa de desemprego chegou a 14% em 1998, e a explosão não aconteceu. O desemprego passou a fazer parte da paisagem, banalizou-se a tal ponto que, quando os assalariados ouvem os desempregados pedindo recursos adicionais para o Natal, alguns pensavam que eles estão exagerando, que não há razão para presenteá-los: "Todos têm problemas, a vida está dura para todo mundo".

Dejours mostra como forjamos uma extraordinária capacidade de indiferença, não apenas à miséria do mundo (Bourdieu, 1993), à guerra ou à fome em longínquas regiões, mas ao que se passa à nossa volta. Convivemos com 10 a 15% de pessoas sem emprego, com muitas pessoas subempregadas, superexploradas, condenadas ao silêncio sob a ameaça da próxima onda de demissões. O desemprego não atinge somente os que estão desempregados, mas afeta aqueles que se sentem na ante-sala do desemprego e, por isso, aceitam quaisquer condições de trabalho, porque nada é pior do que ficar sem emprego. Dejours mostra que, por trás dessa indiferença, existem *temores*. Todos se empenham em descartar o risco, em agir como se apenas os outros pudessem sofrer um acidente ou ser ameaçados de desemprego.

Todos tentam escapar. Quando conseguem, não lhes resta senão lamentar que os outros não tenham tido a mesma sorte. Falam do infortúnio dos outros levados por uma compaixão geralmente sincera, porém evasiva. Compadecem-se, mas daí a se mobilizarem para mudar o rumo das coisas há uma grande distância. É uma compaixão que nos não engaja em nada, a não ser em um instante de simpatia rapidamente esquecido. Ora, essa indiferença compassiva está na raiz do desmantelamento do vínculo social, da violência, na raiz das segregações, das exclusões.

Dejours propõe um paralelo espantoso com os regimes totalitários, lembrando que Hitler não fez o Terceiro Reich sozinho, que uma grande parte da sociedade alemã colaborou ativamente ou se omitiu, considerando mesmo que, no fim das contas, era muito justo perseguir judeus, comunistas e outros resistentes à nova ordem. No mundo de hoje, as sociedades desenvolvidas não são fascistas, mas mecanismos muito próximos operam em relação à miséria, à exclusão, às desigualdades, ao sofrimento de categorias inteiras, como desempregados, imigrantes, idosos, excluídos por conta do crescimento. Aceitamos coisas inaceitáveis, todos os dias porque não queremos assumir o risco de nos mobilizar.

Este livro interpela a todos nós, porque estamos todos *ameaçados de indiferença*. A luta contra a indiferença poderia ser a base de uma educação para a solidariedade, não apenas como valor, mas também como compreensão das interdependências e dos mecanismos que engendram as injustiças.

Reconstruir as bases do contrato social e da solidariedade

Uma educação para a cidadania requer uma forte ampliação da educação cívica, a qual tenha como meta formar um bom cidadão, capaz de compreender as leis, de votar, de desenvolver um papel ativo e responsável na comunidade. O problema é mais global. Poderíamos falar de solidariedade.

Evidentemente, a palavra é carregada de valores morais. A escola cristã fala de fraternidade, idéia cujas conotações confessionais (ou revolucionárias!) podem confundir uma e outra. Solidariedade talvez seja um pouco mais neutro, porém expressa igualmente a recusa do *"Eu em primeiro lugar, eu sozinho"*.

A questão supera a escala nacional, tanto para cima quanto para baixo. A solidariedade, quando se pensa nas relações Norte-Sul e Oriente-Ocidente, só tem sentido *planetário*. Se todos os europeus vivessem bem – o que não é o caso –, vendo o resto do planeta sucumbir às epidemias, às guerras, à fome ou à miséria, haveria do que se vangloriar? A solidariedade também é local, na escala da família, da empresa, do bairro, da comunidade. Melhor seria educar para essas solidariedades, que repousam sobre conhecimentos e identidades distintas.

Hoje, a educação para a cidadania consta do programa de todos os colóquios. Ela poderia ser direcionada no sentido de uma *educação para as solidariedades*. Como conseguir isso? Solidariedade se aprende, quanto a isso não há dúvida. Mas ela pode ser objeto de uma educação na escola?

Temos aí um primeiro paradoxo: se o contrato social é rompido, a educação não é mais possível. Como se poderia ensinar a não-violência na violência? Como se poderia ensinar a solidariedade se as próprias condições do diálogo pedagógico não são mais preenchidas? Felizmente, as relações entre gerações não estão tão degradadas por toda parte. Portanto, ainda é tempo de educar onde a educação pedagógica ainda é possível, antes que seja tarde demais.

É preciso levar o problema a sério, para além do discurso, e fazer disso uma prioridade. As lições de moral já não surtem efeito, e não basta multiplicar as instâncias de participação, os conselhos de classe, os espaços de discussão. É hora de *vincular mais estreitamente a educação para a cidadania e para a solidariedade à construção de saberes e de competências*.

A educação para a cidadania não é uma cura para a alma ou um apelo aos bons sentimentos durante uma hora por semana, enquanto, para o restante, "cumpre-se o programa". Ela não tem nenhuma chance se não estiver no cerne do programa, ligada ao conjunto de competências e de saberes.

Aprender a analisar e a assumir a complexidade

Algumas competências são as chaves da solidariedade, embora não sejam garantias dela. Além disso, elas se prestam a vários outros tipos de uso em outros contextos. Saber analisar e assumir a complexidade parece-me uma competência essencial, pois algumas disfunções do vínculo social e das relações sociais estão ligadas ao medo, ao retraimento, ao endurecimento diante de um mundo que perturba, inquieta, amedronta uma parte de nossos contemporâneos quando não conseguem mais compreender o que se passa e sentem-se como engrenagens de mecanismos opacos, particularmente aqueles que os lançam no desemprego ou na precariedade. Sabemos que esse é o fundo de comércio da extrema direita.

Analisar e assumir a complexidade exige saberes. Atualmente, os saberes econômicos e sociológicos pertinentes ainda estão muito ausentes da escolaridade básica, embora possam explicar mecanismos fortemente determinantes para nós. Sem ter de passar por lições de moral, a educação para a solidariedade *deve apoiar-se nas lições de coisas*. As "coisas" de que se trata são políticas, econômicas, sociais e culturais. É preciso falar delas, dar nomes às realidades, explicar as contradições, desvendar suas causas. A complexidade, como sempre recorda Edgar Morin, são as contradições insuperáveis em que mergulhamos todos os dias. Na melhor das hipóteses, vivemos "em boa inteligência" com elas, mas sem jamais conseguir superá-las definitivamente. Hoje, para ser um cidadão esclarecido, seria crucial compreender onde são tomadas as decisões, por exemplo, sobre o desenvolvimento urbano, tecnológico ou econômico. Isso não é possível sem um mínimo de cultura, não apenas a respeito dos mecanismos democráticos, mas também sobre as questões de fundo. Quem ignora o que seja uma multinacional, uma operação da bolsa, uma OPA*, um grupo de pressão ou um capital de risco não percebe certas engrenagens essenciais de nossa sociedade.

Bastaria dar às ciências sociais na escola o mesmo tempo que à física ou à biologia? Talvez se devesse pensar em um reequilíbrio das disciplinas. Porém, de nada serviria acrescentar conhecimentos aos conhecimentos sem se preocupar em mobilizá-los mais para a compreensão e para a resolução de problemas individuais e coletivos.

Apreender a cooperar e a conviver

Apreender a cooperar e a conviver não significa apenas interiorizar bons sentimentos; exige competências. Nota-se isso quando, por exemplo, são convocados os professores a trabalhar em equipe: as competências correspondentes fazem-lhes uma falta terrível. No primeiro conflito, na primeira divergência, eles se retiram para sua tenda** dizendo: *"Se é assim, eu não participo mais"*, ou sem dizer nada... Esse individualismo não é questão de caráter, e sim de uma falta de domínio da cooperação, com seu componente de conflitos e de jogos de poder. Enquanto prevalecer o sentimento de que a cooperação implica deixar-se absorver pelo grupo, enquadrar-se à norma, submeter-se a decisões tomadas por outros, que motivo haveria para se arriscar? Se todos fossem capazes de impor sua voz e sua diferença, de colocar os problemas tal como os percebem, de dizer: *"Ali algo não vai bem"* ou *"Ali não concordo, estamos indo rápido demais"*, eles se engajariam com mais disposição em um trabalho de equipe, estariam mais à vontade, menos defensivos, capazes de ajustes, sem buscar salvação na fuga quando as coisas vão mal.

Para Ranjard (1997), o individualismo é um "suicídio cultural". Paradoxalmente, esse suicídio é *coletivo*, uma vez que todos se entendem ao menos em um ponto: cada um por si! O individualismo é um modelo cultural con-

---

*N. de R.T. Em francês, *Offres Publiques d'Achat*. As ofertas públicas de compra remetem ao fato de que qualquer um pode candidatar-se à compra de uma firma posta à venda, independentemente da sua nacionalidade.
**N. de R. Alusão à atitude de Aquiles, que, irritado com Agamênon, retira-se dos combates em Tróia.

temporâneo. Contudo, seus excessos poderiam ser atenuados se mais atores tivessem meios de cooperar sem ter a sensação de estar perdendo. É comum que nos socorramos de nossos valores para desqualificar aquilo que não sabemos fazer.

Aprender a viver as diferenças e os conflitos

Aprender a cooperar é também aprender a negociar, a gerir conflitos ou, quando muito, divergências de pontos de vista ou de interesses. Pelo menos é o que resta no interior de um projeto comum. Entretanto, em uma sociedade, nem todos falam a mesma linguagem. Há clivagens, relações de força, dominações, discriminações, segregações. É preciso *aprender a não demonizar as diferenças*, a conviver com elas, a não transformá-las em conflitos ou em relações de dominação.

Aprender a aceitar as diferenças é uma fórmula cada vez mais difundida por aqueles que se preocupam com a coexistência de diversas etnias e culturas em nossas sociedades, nas quais se mesclam populações de todas as origens. Também nesse caso, sem trabalhos práticos e lições de coisas, ficaremos apenas nas boas intenções. Não se ensina a viver as diferenças e os conflitos mediante um discurso magistral e alguns preceitos. Isso se aprende trabalhando sobre problemas concretos.

As escolas instaladas nos bairros interculturais, onde se encontram 40 nacionalidades diferentes, 18 em cada classe, têm de aprender obrigatoriamente a gerir as diferenças. Essa aprendizagem passa, em parte, pelos confrontos entre confissões religiosas, por exemplo, sobre a presença do islã e o uso do véu, ou pela coexistência de costumes conflitantes, de visões distintas da higiene, de hábitos alimentares incompatíveis, de relações diferentes com o saber ou com o poder. Há lugares no sistema educacional onde não se tem escolha. Quando se tem escolha, há sempre a tentação de não trabalhar seriamente esses problemas, visto que eles não impedem o funcionamento e o ensino. Porém, essas aprendizagens não têm apenas um valor imediato; elas fazem parte da cultura e das competências básicas.

AGIR DANDO O MÁXIMO DE SI

De tempos em tempos, os políticos colocam os profissionais do ensino diante da seguinte questão: "*Se vocês obtiverem todos os recursos que solicitam, será que saberão utilizá-los?*". A resposta a essa questão nem sempre é segura. A eficácia da escola na utilização de seus recursos é motivo de debate. Evidentemente, é preciso considerar os entraves burocráticos de que padecem todas as instituições, inclusive as empresas. Eu arriscaria dizer, no entanto, que a escola é particularmente pouco preparada para agir dando o máximo de si, seja por boas ou não tão boas razões.

Georges Charpak, prêmio Nobel de Física, deu o título de "La vie à fil tendu" à sua autobiografia. A fórmula evoca uma existência reduzida para projetos, para um futuro, para o que se quer realizar, em que não se pode perder um instante sequer, já que a vida é tão curta. Nem os desempregados, nem as pessoas pouco qualificadas podem dar-se ao luxo de uma vida em que não empreguem ao máximo seus esforços. Essa é uma aspiração da classe média ou alta. Mas isso não está em questão aqui.

Na verdade, transponho o modelo para as organizações e, mais especificamente, para a escola. Parece-me que uma parte dos problemas da escola não surge de suas intenções, *mas da maneira como ela organiza seu trabalho* (Perrenoud, 2002a e b), de modo como perde tempo e energia perseguindo objetivos sem grande importância, da falta de continuidade no tratamento dos problemas.

Adotar uma lógica de resolução de problemas

Agir dando o máximo de si é simplesmente adotar uma lógica de resolução de problemas. Quando você vai para um hospital, geralmente sai curado ou pelo menos aliviado. Isso ocorre porque a organização hospitalar, apesar de seus entraves, cuida de você dentro de uma lógica muito simples: qual é o seu problema e o que é preciso fazer para resolvê-lo? Com base nisso, ela mobiliza as disciplinas, as tecnologias e as terapias pertinentes. Um hospital bem-administrado não se limita a encaminhar ao serviço de radiologia ou ao serviço de pediatria uma cota padrão, mas os pacientes cujo tratamento exige um exame. Não se submete o paciente a uma radiologia na terça-feira porque estava previsto, mas porque era necessário e no momento em que era necessário. Essa organização do trabalho nem sempre produz milagres, mas garante, mesmo assim, uma relação bastante estreita entre o objetivo e a ação. Na medicina, as estratégias são permanentemente revistas em função do objetivo, do tempo que resta e do caminho que falta percorrer. Se não se consegue isso, não é por falta de ter em mente tal projeto, mas porque se esbarra na escassez de recursos, na rigidez de certos procedimentos, etc.

Na escola, não se tem em mente a mesma visão do trabalho. Nela, as pessoas estão presas ao que se pode chamar, junto com a organização do trabalho, de uma *lógica de fluxos expandidos*, em oposição a uma *lógica de fluxos reduzidos*. Procurei desenvolver essa idéia a propósito da pedagogia diferenciada (Perrenoud, 1997b, 2002a). Para dar apenas um exemplo: quando se constrói profissionalmente uma casa que deve ser ocupada no dia 1º de setembro, e o imóvel mal saiu das fundações, tomam-se todas as decisões necessárias para que os habitantes possam mudar no prazo fixado. Remanejase o planejamento, providenciam-se reforços, simplifica-se, repensam-se certos problemas em função do tempo que resta, visto que o prazo não é negociável. Ao contrário, quando uma pessoa constrói "a perder de vista" uma residência secundária, ela avança "do jeito que dá". Trabalha uma hora aqui, outra hora ali, nas férias, no fim de semana. A casa ficará pronta "quando ficar pronta". Essa é a lógica do fluxo expandido, enquanto a lógica do fluxo reduzido é sempre cumprir os prazos e atingir o objetivo.

No mundo do trabalho, o fluxo reduzido está associado a mais rendimento, menos pausas, menos liberdades e, no fim das contas, a uma exploração maior dos assalariados. Propor esse modelo na escola não me ajudará muito a fazer amigos. Contudo, creio que é preciso *reexaminar os dispositivos de trabalho*, de modo a não fazer as coisas porque estavam previstas, mas porque são *necessárias*, revisitando constantemente os planos e os procedimentos. Esse é o sentido de um *ensino estratégico* (Tardif, 1992).

Se, no final da 4ª série do ensino fundamental, deseja-se *verdadeiramente* que ninguém passe à etapa seguinte sem saber ler, é preciso encarar isso de outra maneira, parar de dizer ao final de cada ano: "*Esse aluno não sabe ler, mas ele aprenderá mais tarde. É preciso dar tempo a ele, isso vai acabar acontecendo*". Ora, para alguns alunos, isso não acontece nunca. A partir de 8 a 10 anos, os alunos que ainda não sabem ler não aprenderão espontaneamente, apenas por obra do tempo. Eles só conseguirão isso se os professores, em equipe, mobilizarem-se para que esse objetivo seja atingido, utilizando todos os recursos disponíveis. Se restam apenas dois anos para que uma criança saiba ler e se esta é uma verdadeira prioridade, aceita-se enxugar o programa e propõe-se um tratamento diferenciado, intensivo, sob medida para ela.

Infelizmente, as coisas não funcionam assim, por mais que, muitas vezes, o apoio pedagógico tente o impossível. Acompanham-se esses alunos em todas aulas para "descobrir", ano após ano, que eles não sabem ler, sem jamais tirar conseqüências decisivas disso. Pode-se comparar a atitude da escola à do planeta frente aos desastres ecológicos que nos ameaçam. Todo mundo sabe, às vezes se preocupa, mas nada acontece, ou pelo menos nada que esteja à altura dos riscos. Em muitas escolas, a divisão do trabalho, a organização em séries e em programas anuais e os horários são feitos de tal maneira, que ninguém se sente *verdadeiramente* responsável pelos conhecimentos e pelas competências dos alunos em *final de percurso*. Sempre se descobre o irreparável quando já é tarde demais, e caberá ao ciclo de estudos subseqüente ou ao mercado de trabalho revelar isso, embora cada ciclo demonstre uma "vontade de não saber".

A falha não é de alguém em particular, mas de todos nós, os profissionais do ensino em geral. Não avaliamos em que medida estamos *presos a rotinas*, colocamos os alunos sobre trilhos, que eles seguem juntos até o momento em que já não é mais possível "corrigir o rumo".

Seria melhor antecipar e prevenir o fracasso. Há alunos que desde o início da escolaridade nos fazem ver, com 9 chances em 10 de não errar, que terão sérias dificuldades de aprendizagem. Normalmente, isso os leva a serem reprovados, ou mesmo a serem encaminhados para o ensino especial. A alternativa seria *mobilizar imediatamente todas as forças e as competências disponíveis para recuperar esses alunos*, como se faz nos tratamentos intensivos nos hospitais.

A escola é lenta para reagir. Por medo de estigmatizar os alunos com dificuldades ou de alimentar um efeito Pigmalião, ela não se antecipa e não se mobiliza a tempo em uma lógica de resolução de problemas. É verdade que hoje se questiona a simples repetência, encaminham-se os alunos ao apoio pedagógico, diferencia-se um pouco. Todavia, a diferenciação nunca está à altura dos problemas. Ela é sempre muito tímida, muito tardia, presa em uma organização em séries anuais e em classes que a limita terrivelmente.

Reorganizar o trabalho de ensino significa encorajar a mobilidade das pessoas, investir as energias onde é necessário, repensar as estratégias de aprendizagem e de ensino regularmente, ao longo do ano e durante todo o curso. Significa, portanto, trabalhar de maneira diferente, em ciclos de aprendizagem, mas sobretudo em uma *lógica de resolução de problemas e de diferenciação*.

Trabalhar em fluxos reduzidos

Quando se limita a "dar tempo ao tempo", um ciclo de aprendizagem produz mais desigualdades. Dado que não há uma quebra no fim do ano letivo, que não há repetências, nem decisões de orientação, existe sempre a tentação de reportar os balanços e as medidas enérgicas para mais tarde. Feitas as contas, no fim do ciclo, as desigualdades são ainda maiores e, às vezes, dificilmente reversíveis.

A implantação de ciclos é um meio de lutar contra essa tentação, que é real, que não se pode negar. Portanto, é preciso organizar o trabalho dentro do ciclo de maneira diferente do que se faz em uma longa série anual. Um ciclo permite uma gestão em fluxos reduzidos, desde que cessem as alternâncias sucessivas impostas pela grade horária típica do ensino fundamental ou médio. É possível aprender em quatro semanas, à razão de oito horas por semana, por exemplo, algumas noções fundamentais que, normalmente, são trabalhadas, de modo intermitente, em um ano ou mais. É o que se costuma fazer na formação de adultos, ao sabor de alguns dispositivos que não são prisioneiros da forma escolar e que se autorizam, por isso, a não fazer de tudo todo dia ou toda semana. Trabalhando em módulos, seria possível, até certo ponto, chegar a se concentrar em um objetivo a ser atingido por todos.

O que significa aprender uma língua estrangeira na escola? Significa encontrar-se com um professor de línguas por 45 minutos, 3 a 5 vezes por semana, durante anos, em horas totalmente variáveis. Constatamos o resultado disso, ao menos para os suíços, que vivem em um país trilíngüe, onde o ensino de uma outra língua nacional é obrigatório. Será que com isso eles aprendem? Infelizmente, ao final de oito anos de aulas semanais, o resultado costuma ser desastroso. Porém, quando as pessoas são encaminhadas para um estágio lingüístico intensivo, elas ganham desenvoltura ao final de duas ou três semanas. Por que não se consegue fazer o mesmo na escola?

Esse é um exemplo fácil, porque estamos diante de um modelo alternativo conhecido, que funciona e dá resultados convincentes. Para matemática ou biologia, não se conhece um equivalente estrito do estágio intensivo, mas muitas experiências mostram que uma aprendizagem concentrada, sob o império da necessidade, permite, em qualquer âmbito, ir mais rápido e mais longe do que uma aprendizagem fracionada, disposta ao longo de meses ou anos. Bastaria um pouco de imaginação para *reorganizar nossos recursos*, de modo a não estar sempre perseguindo todas as lebres ao mesmo tempo, "mudando de estação" constantemente, gastando uma energia desmesurada para retomar o fio da meada de um ensino encapsulado em períodos de 45 minutos. Esse modelo leva a desperdícios consideráveis de tempo, de energia e também de sentido. Na educação de adultos, não se trabalha de forma tão absurda. Seria perfeitamente possível, se nos permitíssemos isso, agir no limite ou em fluxos reduzidos no âmbito de um ciclo de aprendizagem ou, mais genericamente, de um ano letivo (Perrenoud, 1997b, 2002a e b).

Avaliar e regular o que se faz

É importante avaliar o que se faz aqui e agora. Atualmente, são os Estados e as organizações internacionais, particularmente a OCDE, que se encarregam dos indicadores do ensino. Eles passam uma imagem às vezes gratificante, às vezes desoladora das políticas nacionais de educação, o que permite reorientá-las quando não dão resultados.

Essa avaliação global não é suficiente. Ela deve ser também local e não necessariamente quantitativa. Ela não ocorre de forma espontânea, pois os professores, tão acostumados a avaliar os alunos, fogem das avaliações quando eles próprios são objeto delas. É como se a avaliação tivesse de ser sempre negativa, ameaçadora, quando na verdade toda ação racional passa por uma certa lucidez, que leva a se perguntar se as coisas avançaram ou não, por que e como se poderia eventualmente trabalhar melhor.

O que foi chamado de "cultura da avaliação" pode seduzir alguns e causar irritação em outros. Ela suscita o problema do respeito à diversidade e à autonomia dos estabelecimentos de ensino. Isso aponta para uma área de exploração em plena expansão: o desenvolvimento de novas maneiras de requisitar e de prestar contas na instituição escolar. Em vez de estabelecer um controle burocrático, como se poderia caminhar para uma obrigação da competência e um diálogo entre profissionais?

O problema é colocado para as pessoas, mas também para os estabelecimentos de ensino, seus projetos, os contratos firmados com o sistema que lhes proporciona os meios de ação e que tem o direito de exigir que prestem contas. Alguns modelos inovadores já estão sendo testados, mas isso está ainda muito no início. Se não queremos arrastar, por décadas a fio, as mesmas constatações e os mesmos erros, é importante desenvolver práticas e dispositivos que permitam "prestar contas" de outra maneira, individual e coletivamente. No Quebec, fala-se de *"endébito"* ou de *"imputabilidade"*, neologismos discutíveis para traduzir a palavra inglesa "accountability". Quaisquer que sejam as palavras, o problema permanece.

5
As competências a serviço da solidariedade*

O tema da solidariedade pertence a todo mundo, não é uma questão de especialistas, é uma questão de todos. Contudo, não é inútil propor uma abordagem conceitual. O papel dos pesquisadores é ajudar a *verbalizar* a complexidade do mundo. Isso não a faz desaparecer, mas ajuda a conviver com ela.

Ninguém pode ser solidário sozinho. A solidariedade é um fato social. Por isso, falarei dela como sociólogo. Naturalmente, assim como a todas as pessoas de boa vontade, a solidariedade parece-me mais simpática, mais humana, mais positiva que seu contrário. Porém, se todos estivéssemos de acordo sobre esse ponto, todos seriam solidários com todos, e não haveria nem guerra, nem miséria, nem desigualdades, nem dominações, nem segregações, nem violências, nem exclusões. Assim, ninguém teria necessidade de se questionar a esse respeito.

Se falamos dela, é porque a solidariedade não é natural, é porque ela é *sociologicamente improvável*. A realidade *resiste* a nosso pensamento positivo, a nossos sonhos. E a realidade aqui não são as forças naturais, mas os seres humanos...

Procurarei, portanto, tornar inteligível aquilo que a torna ao mesmo tempo possível e improvável. Não para desencorajar quem quer que seja. A lucidez sobre o que coloca obstáculos aos nossos sonhos é nossa única chance de realizá-los. Quando se quer combater os processos que impedem ou desfazem as solidariedades, é preciso primeiro compreendê-los. Abordarei a solidariedade como sociólogo da educação, atento aos desafios da formação.

---
*Publicado na Revista *Pátio*, Porto Alegre, Artmed, n. 25, p. 19-24, 2003.

A solidariedade é uma questão de educação? E, se for, é uma questão de competências? O que é a solidariedade? Antes de mais nada, um valor, um valor que se atribui aos outros e à comunidade que nos reúne. Em seguida, práticas que traduzem esse valor em atos concretos: partilhar, ajudar, acompanhar, apoiar, aceitar, integrar, proteger, cuidar, preocupar-se, etc.

Nem essas práticas, nem os valores que a elas subjazem surgem naturalmente no desenvolvimento do ser humano. A solidariedade não é espontânea, é uma conquista contra o egocentrismo e o egoísmo que caracterizam a criança pequena, como também contra o etnocentrismo de todo grupo humano e a prioridade que dá a seus próprios interesses. A solidariedade é uma construção social e cultural, uma conquista frágil da civilização.

Para que ela se desenvolva em uma sociedade, pelo menos *três condições* devem ser permanentemente satisfeitas:

1. O princípio de solidariedade deve fazer parte das idéias e dos valores centrais da maior parte dos indivíduos. Cada um deveria saber não apenas do que se trata, mas acreditar firmemente nele, incorporar a ele uma parte de sua identidade e de sua auto-estima, sentir que, quando se mostra solidário, está de acordo com a cultura do grupo a que pertence, não aparecendo como um ingênuo, e sim como uma pessoa generosa e sensata.
2. Deve existir uma forma de reciprocidade, pelo menos a meio-termo. Apenas um santo poderá dar sem jamais receber nada, certamente porque a alegria de dar dispensa-o de outras satisfações. A maior parte dos seres humanos comuns não pode ser permanentemente solidária em sentido único. É preciso que pelo menos a meio-termo e na média a solidariedade seja um bom cálculo, inscreva-se em um contrato social, em uma forma de reciprocidade.
3. A solidariedade não é sempre dada por antecipação; ela é obtida à custa de lutas individuais e sociais.

Essas três condições são suficientes para fazer compreender que a educação sozinha não pode fazer milagres. Entretanto, ela pode contribuir para o desenvolvimento da solidariedade, favorecendo, à sua maneira, a realização das três condições que acabamos de evocar.

Organizarei minha proposta em função das três condições enumeradas acima.

FUNDAMENTAR A SOLIDARIEDADE COMO VALOR E PRINCÍPIO ÉTICO

Nenhum valor tem um fundamento totalmente objetivo. Não se pode "deduzir" a solidariedade da natureza, justificá-la inteiramente pela razão. O fundamento de um valor não se demonstra como um teorema de geometria.

Nem por isso os valores reduzem-se a "palpitações do coração" ou a sentimentos tão gerais quanto difusos. Eles se inserem em uma representação do mundo, em uma visão do sentido de existência, em uma filosofia, às vezes em uma religião.

Portanto, a escola pode contribuir em um duplo sentido para o desenvolvimento da solidariedade como valor:

1. Afirmando-a como tal, não abstratamente, mas através de exemplos extraídos da história humana, da atualidade, da literatura, como também através de práticas que realizam uma forma de solidariedade entre os alunos da classe, entre seus pais, entre os professores da escola ou ainda entre a escola e a comunidade próxima da qual ela faz parte.
2. Inscrevendo-a em uma cultura histórica, geográfica, jurídica, científica e literária que lhe confere sentido e fascínio.

A escola pública deve preservar ao mesmo tempo o pluralismo e o espírito crítico. Logo, ela não pode recorrer a uma teologia ou a uma filosofia particulares. O sistema educacional, em um país democrático, só pode professar o próprio ideal democrático e alguns outros valores suficientemente gerais para serem compatíveis com a diversidade das culturas, das crenças e das filosofias dos pais e dos alunos. Assim, não se pode inserir a solidariedade em um sistema de pensamento coerente, incorporá-la em um bloco no qual tudo se situaria a partir de algumas premissas.

É possível avaliar a que ponto é difícil a tarefa dos professores. O sistema educacional não pode, como uma igreja, apostar exclusivamente na prescrição, limitar-se a afirmar: "*É preciso ser solidário!*". Sua única saída é desenvolver a compreensão do mundo social, do meio ambiente, tentar levar alguém a se dizer: "*Como se pode não ser solidário quando se vê e se compreende o que se passa em nosso mundo?*".

Não temos nenhuma ilusão: a adesão ao princípio de solidariedade no contexto escolar, mesmo que seja livremente consentida e decorra de uma reflexão, não garante que seja posta em prática nos contextos de ação. Cada um ficará tentado a salvaguardar antes de tudo seus interesses pessoais.

Tudo o que se pode esperar de uma firme adesão ao princípio de solidariedade, fundamentado em uma abordagem intelectual, saberes e raciocínios, é que ela seja um "contrapeso" à tentação de pensar apenas em si ou em seu grupo. Se cada um aceitasse colocar-se certas questões e considerar as implicações de seus atos para os outros e o conjunto da comunidade, certas decisões não-solidárias seriam mais difíceis de tomar. A educação pode desenvolver a *lucidez* e a *descentração*, alimentar uma forma de *má consciência*, fazer duvidar, fazer refletir, perturbar nossa tranqüilidade. A sensibilização para a ecologia ou o desperdício já produziram alguns efeitos nesse sentido.

Existem seres humanos cujo cinismo é a toda prova: eles podem – sabendo o que fazem, sem culpa, sem estados de alma – torturar, matar, explorar, difamar ou arruinar seus contemporâneos, poluir ou destruir a natureza, desencadear guerras ou perseguições. Para a maioria, nossos contemporâneos têm uma espécie de *consciência moral*, eles hesitam em agir mal com toda lucidez. Assim, em matéria de solidariedade, preferem não se colocar muitas questões, minimizar ou não precisar as conseqüências de seus atos.

Este é um dos desafios da educação escolar: reforçar a lucidez, proporcionar hábitos e ferramentas intelectuais que ajudem a compreender as implicações de nossa ação e seu significado no que se refere a grandes princípios, como solidariedade, justiça, democracia, respeito às diferenças ou ao meio ambiente, por exemplo. Em síntese: pôr o dedo em nossas contradições, impedir-nos de professar grandes princípios com toda boa-fé, respeitando-os de forma flexível.

COMPREENDER A SOLIDARIEDADE COMO BASE DO CONTRATO SOCIAL

Pode-se apostar nos atores sociais – individuais ou coletivos – que, em nome da solidariedade, constantemente se voltariam contra seus próprios interesses. Por isso, importa que a solidariedade apareça também como "um bom cálculo", não apenas porque ela assegura a boa consciência, mas porque no final cada um encontra aí sua conta.

Nenhum ser humano pode viver sozinho, fora de qualquer comunidade. Pertencer a grupos sociais, da família à sociedade planetária, é um princípio não apenas de nossa sobrevivência material, mas também de nossa identidade, de nosso desenvolvimento intelectual, de nosso equilíbrio afetivo. Isso é verdade inclusive – e talvez sobretudo – em uma sociedade individualista.

O "contrato social", tal como Jean-Jacques Rousseau concebeu-o, é, em grande medida, um mito. Não há um "pacto" que preceda toda vida social. As microssolidariedades de base, familiares e tribais, não repousam sobre um contrato, nem mesmo tácito, mas sobre laços afetivos e trocas práticas. As crianças nascem e crescem em uma sociedade que já existe e sua única escolha é integrar-se a ela passivamente, excluir-se dela ou combater as instituições e as leis que consideram injustas ou absurdas.

Contudo, o mito do contrato ajuda-nos a esclarecer o papel da educação: levar cada um a compreender que faz parte de um conjunto e que não pode sair fora do jogo sem enfraquecer seus próprios interesses; incitar a conceber a solidariedade não apenas como um valor humanista, mas sobretudo como *condição prática* da sobrevivência de uma sociedade.

A demonstração é bastante fácil em casos particulares: não é necessário ir à escola para aprender que, para conseguir o que se quer, em certos momentos é preciso saber trabalhar em equipe, "ficar lado a lado", fazer acordos. Isso é verdade na família, no trabalho, nos negócios, no esporte. Aprende-se muito cedo que a solidariedade *às vezes* é um bom cálculo jogando-se futebol ou aliando-se a outras crianças para resistir à imposição dos adultos.

A educação não poderia ater-se a essas solidariedades locais, que freqüentemente se constroem contra o resto do mundo: a solidariedade entre os ricos é o adversário mais seguro da solidariedade de todos com todos.

Devemos admitir o fato de que nada é menos evidente que a necessidade de uma solidariedade de todos com todos para que o conjunto sobreviva. Isso é verdade em escala de planeta, de cada sociedade e mesmo de cada organização. Sendo assim, não basta, à maneira de uma "lição das coisas", dizer aos alunos: "*Vejam o que se passa, vejam bem que cada um tem interesse em ser solidário*". Eles olham e vêem que isso é falso, que muitos têm interesse em não ser solidários.

Reconheçamos: se observamos o que se passa em nosso planeta, tendemos mais a concluir que a solidariedade não vale a pena, que é um engana-bobo, que o que se vê hoje é o cada um por si. Os governos imperialistas e as ditaduras vão bem, as multinacionais também, assim como as indústrias que devastam o planeta e as máfias que vivem da prostituição, da droga, do tráfico de armas.

Em suma, o espetáculo do mundo é eloqüente: por toda parte, os poderosos e os ricos prosperam em detrimento dos dominados e dos desfavorecidos. Como um professor pode demonstrar a seus alunos que a sociedade é impossível sem solidariedade? A televisão mostra o contrário todos os dias. As sociedades e as organizações contemporâneas produzem a exclusão, a injustiça, o sofrimento, além de enormes desigualdades. Isso não provoca sua derrocada.

Para demonstrar que a solidariedade é um bom cálculo, é preciso provocar um *reenquadramento* radical dos problemas:

a. Romper com a idéia de que o consumo e, por conseguinte, a produção de bens e serviços são as únicas coisas que contam na vida.
b. Refletir em escala do planeta, da relação Norte-Sul, da população mundial, adotar a "identidade terrena" de que fala Edgar Morin.
c. Pensar a longo prazo, levar em conta as gerações que ainda não nasceram, mas que sofrerão as conseqüências de nossas escolhas atuais.
d. Inserir-se em uma visão ecológica, privilegiar o desenvolvimento duradouro, não separar a espécie humana dos outros componentes da natureza.
e. Admitir que, para retomar a fórmula de Churchill, "a democracia é a pior das soluções, com exceção de todas as outras".

Mede-se o nível de cultura cívica, histórica, científica e jurídica exigido para colocar os problemas nesses termos. Nos sistemas educacionais contemporâneos, aqueles que atingem esse nível são os privilegiados do sistema e, obviamente, os que têm menos interesse em mudá-lo. Este é um dos paradoxos: os que detêm os meios intelectuais de compreender que a solidariedade e a democracia são condições do desenvolvimento humano são também os que usufruem do *status quo*. Apenas alguns intelectuais defendem até o fim uma visão do mundo que limitaria seus próprios privilégios...

Como se vê, a educação para a cidadania e a solidariedade passa por uma imensa democratização da educação escolar, uma elevação do nível de informação e de reflexão de todos, quaisquer que sejam a profissão e a condição social em seu horizonte.

APRENDER A LUTAR PARA AMPLIAR A SOLIDARIEDADE

Seria ingênuo, na situação em que se encontram o nosso planeta e as relações sociais, acreditar que a solidariedade nascerá espontaneamente da compreensão coletiva. Se ela se desenvolver, será em favor de lutas por mais democracia, mais igualdade, mais respeito aos direitos humanos e às diferenças, etc.

Formar para a solidariedade é, portanto, formar indivíduos críticos, que querem e podem tornar-se atores, defender seus interesses, explicar e combater os mecanismos que engendram a violência, a miséria, a exclusão. Isso exige não só *conhecimentos* econômicos, jurídicos, tecnológicos, científicos, sociológicos, mas também *competências* de análise, de negociação, de coordenação, competências táticas e estratégicas.

Não falo aqui de um treinamento para a guerrilha, nem de uma formação técnica de militantes, sejam políticos, sindicais, ecológicos ou defensores dos direitos humanos. Falo de uma capacidade muito mais geral para *analisar e fazer evoluir as relações de força* nos grupos, nas organizações, nos sistemas sociais.

A EDUCAÇÃO PARA A SOLIDARIEDADE: UMA UTOPIA?

Minha proposta não era fazer um inventário detalhado dos conhecimentos e das competências necessários para inserir a solidariedade em uma visão do mundo. Insisto em um ponto: não se trata de criar uma nova disciplina, que chamaríamos de educação para a solidariedade, concedendo-lhe uma hora por semana na grade horária. Assim como a educação para a cidadania – da qual ela é próxima –, a educação para a solidariedade é questão de todas as disciplinas, de todos os professores, de todas as etapas de estudo, da pré-escola – socialização, aprendizagem da cooperação, do respeito ao outro – à formação profissional.

Espero que algumas pistas esboçadas aqui demonstrem que o sistema educacionais *poderia*, se lhe solicitássemos, desenvolver uma educação para a solidariedade suscetível de modificar as representações e as práticas de uma parte de nossos contemporâneos. O direito lhe seria concedido? A missão lhe seria atribuída? Voltamos aqui ao círculo vicioso já evocado: apenas uma sociedade que caminha para a solidariedade pode mobilizar seu sistema educacional nesse sentido.

Ninguém se oporá, naturalmente, a que "o sentido da solidariedade" inscreva-se entre os objetivos da educação de base. Daí a fazer dela uma prioridade, a traduzir esse objetivo no currículo, a encontrar tempos e meios, a formar os professores...

Aqui ainda há uma luta a ser travada. Ela se confrontará com obstáculos de dois tipos:

1. Uma parte dos ricos se oporá mais ou menos abertamente a que o sistema educativo proporcione a todos as ferramentas de análise e de ação suscetíveis de modificar as relações de força. Em todo o mundo, as classes dirigentes esperam da escola que ela reproduza a ordem social e perpetue sua dominação. Assim, combatem tanto a democratização dos estudos como a introdução no currículo de tudo o que poderia favorecer o pensamento crítico, a autonomia, a construção de atores coletivos.
2. Uma parte dos pais espera da escola, antes de mais nada, que ela prepare seus filhos para os estudos longos e a corrida aos diplomas. Para eles, o acúmulo de saberes para ter êxito nos concursos é mais importante que o desenvolvimento da cultura geral e da inteligência de todos. Em virtude disso, combatem ativamente as modificações curriculares que poderiam atrasar a progressão das elites e dar menos importância a uma competição escolar que eles não têm de temer, pois seus filhos sairão vencedores.

Não basta, portanto, afirmar o princípio de solidariedade, pensar que ele é unânime, delegar a responsabilidade à formação, depois voltar às suas ocupações... A discussão mais fecunda consiste em se perguntar: "*O que fazer?*". O que fazer para que, em cinco anos, em dez anos, em vinte anos, não se continue fixado nos mesmos sonhos, experimentando a mesma impotência. É isso que eu os incito a debater prioritariamente. Em nossa terra, em tempos de globalização, há muitas forças operando para impedir a solidariedade. Que aqueles que desejam desenvolvê-la não se esgotem em controvérsias menores, que não se batam *entre si* por palavras, e sim lutem *juntos* contra a ordem do mundo!

Uma última palavra: em muitos de meus livros, defendo uma orientação curricular no sentido das competências. Isso provoca dois tipos de críticas: o desenvolvimento de competências voltaria as costas ao desenvolvimento e submeteria os trabalhadores à lógica das empresas.

Espero ter mostrado, a propósito da solidariedade, que saberes e competências andam juntos, que as competências que reforçam a solidariedade – analisar, negociar, etc. – devem apoiar-se em saberes de alto nível em diversas disciplinas, que são necessárias tantas ou até mais competências para contestar a ordem do mundo do que para se adaptar a ela.

A verdadeira questão é: que competências a educação fundamental pretende dar a *todos*, para fazer o quê, para construir que tipo de sociedade?

6
A chave dos campos: ensaio sobre as competências de um ator autônomo*

Ou como não ser enganado, alienado, dominado ou explorado quando não se é rico ou poderoso

A quem cabe definir as *competências-chave* de que todos necessitam para viver no século XXI? Um especialista não pode limitar-se a apresentar um esboço conceitual ou metódico. A questão é ética e política. Uma *lista de competências-chave* não surge espontaneamente da observação de práticas sociais ou da evolução das sociedades. Qual é a legitimidade, quais são as premissas dos que construirão a lista? Será que eles poderão, saberão, desejarão precaver-se contra a tentação de projetar no mundo seus próprios valores? Basta que sejam muitos para serem representativos?

O desafio seria enorme se o referencial que resulta desses trabalhos tivesse de orientar a educação básica nos países desenvolvidos. Atualmente, os sistemas educacionais ainda investem recursos imensos para formar uma minoria em um nível elevado de instrução, enquanto uma outra minoria não tem acesso às competências básicas. Quando um país desenvolvido produz 10% de analfabetos e um número muito maior de jovens cujas competências lingüísticas são restritas, ele não está trabalhando para consolidar a democracia e a justiça social (Bentolila, 1997). Formar elites científicas e tecnológicas

---

* Publicado em inglês: Perrenoud, Ph. (2001). The Key to Social Fields: Competencies of an Autonomous Actor. In Rychen, D. S. and Sagalnik, L.H. (dir.). *Defining and Selecting Key Competencies*. Gottingen: Hogrefe & Huber Publishers, p. 121-149.

para ter lugar na competição econômica mundial não é o único desafio das democracias!

De que adianta definir competências *básicas* se não for para mobilizar as forças requisitadas para que todos possam construí-las, principalmente aqueles que de um modo ou de outro não as constroem? Os que são ricos, instruídos, bonitos e inteligentes não têm necessidade de uma evolução do sistema educacional, pois eles constroem em casa, na escola ou em qualquer outro lugar todas as competências que lhe asseguram êxito e poder.

Definir as competências básicas não é, portanto, um jogo intelectual, na medida em que uma referência poderia condicionar, por menos que fosse, as políticas educacionais e as finalidades dos sistemas escolares. É por isso que não se pode embarcar nesse projeto sem questionar a questão!

QUESTIONAR A QUESTÃO OU COMO RESISTIR À TENTAÇÃO DO "POLITICAMENTE CORRETO"?

O subtítulo deste capítulo evocará, provavelmente, o marxismo dos anos 1950. Ele foi escolhido de propósito para deixar claro, desde o início, que a questão das competências-chave não é ideologicamente neutra. Responder a isso é defender, de forma implícita ou explícita, uma visão do ser humano e da sociedade.

É responder também, abertamente ou *de facto*, à pergunta *"De que lado estamos?"*, feita aos pesquisadores em ciências sociais por Howard S. Becker (1966). Ele não queria insinuar com isso que a pesquisa devesse estar a serviço de uma ideologia, mas que a escolha de seus objetos, de suas problemáticas e de seus procedimentos necessariamente reforçavam certas visões do mundo e enfraqueciam outras. Os atores têm necessidade de explicar a mudança, o poder, as desigualdades, a violência, a crise econômica, o desemprego, o fracasso escolar ou a toxicomania, por exemplo. Sua expectativa não é que as ciências sociais e humanas proponham "teorias", mas que, quando elas propuserem, não hesitem em utilizá-las seletivamente para reforçar sua própria visão do mundo. O conhecimento da realidade raramente é desinteressado, ele ajuda a manter ou a modificar o *statu quo*, a legitimar ou a contestar as legislações e as políticas públicas na escala da sociedade, como também as estruturas e as estratégias das empresas, dos hospitais, dos partidos, dos sindicatos, das administrações e de todas as instituições das quais depende a vida das pessoas.

O conceito de competência, tal como foi construído pela psicologia, pela lingüística, pela sociologia ou pela antropologia cognitivas, não foge a essa

regra. Dependendo da maneira como se concebem as competências, reforçam-se ou enfraquecem-se certas visões do ser humano e do mundo social.
Podemos recordar pelo menos três controvérsias clássicas:

1. Uma refere-se à questão de saber se as competências são reguladas pelo patrimônio genético ou se são adquiridas e, portanto, dependem da experiência e da educação. As competências, como mostra Weinert (2001), geralmente estão associadas à inteligência (cognitiva ou "emocional"). Ora, as representações da inteligência estão ligadas a uma visão do ser humano e da ordem social, particularmente do ângulo da fatalidade das desigualdades, que uns recusam enquanto outros afirmam. Hoje existe nos países desenvolvidos – o que não existia há 50 anos – um acordo relativamente amplo a respeito da idéia de que políticas de formação coerentes podem contribuir bastante para *desenvolver* competências. Nem todos estão convencidos disso. Do lado da pesquisa, o debate continua aberto, principalmente porque os lingüistas, impulsionados por Chomsky (1971, 1977), permanecem presos à idéia da competência como faculdade *inata* de falar e de compreender uma língua.
2. Um outro debate refere-se às relações entre saberes e competências: os defensores da cultura costumam estimar que a ênfase dada às competências ameaça a cultura e a transmissão dos saberes. Outros, entre os quais me incluo (Perrenoud, 1998a), afirmam que as competências não voltam as costas aos saberes, que se apóiam neles, mas que não se reduzem a eles. O conceito enfatiza a *mobilização* de recursos cognitivos múltiplos.
3. Finalmente, a noção de competência em voga no mundo das empresas (Ropé e Tanguy, 1994; Stroobants, 1993) é interpretada, às vezes, como uma forma de aumentar a flexibilidade do trabalho e a precariedade do emprego, retirando dos assalariados a proteção que representam as escalas de qualificação negociadas no âmbito das convenções coletivas.

Essas questões ideológicas estão sempre presentes quando se discutem as competências. Elas se acentuam quando se arrisca a dizer quais são as competências *essenciais* em uma sociedade contemporânea, as quais, por isso, deveriam ser desenvolvidas prioritariamente pelos sistemas de formação. Assim, avança-se em um terreno que – devemos assinalar desde já – é político, filosófico e ético tanto quanto científico. As competências-chave não se mostram. Elas são *construídas* a partir de um *ponto de vista* teórico, mas também ideológico; portanto, constituem matéria de debate e até mesmo de conflito.

Isso é verdade mesmo quando se circunscreve a um ofício e à formação profissional correspondente. Apesar da referência a uma prática identificada, há representações contraditórias que se confrontam, como mostra Raisky (1996), por exemplo, a propósito do ofício de viticultor enologista. Todos os ofícios evoluem, todos são objeto de debates, que tratam particularmente de sua dependência em relação a outros ofícios, de seu papel na divisão do trabalho, do grau de profissionalização ou de qualificação real ou desejado dos práticos. Qualquer referencial de competência é uma maneira de tomar posição sobre essas questões.

A pretensão de fazer o mesmo exercício a propósito da vida em geral e das competências básicas que ela põem em jogo conduz a um terreno ainda mais minado, pois, nesse caso, é a concepção do ser humano e da sociedade que está em questão.

Pode-se tentar chegar a um consenso limitando-se ao *politicamente correto*. Em uma sociedade que se diz democrática, composta de mulheres e de homens supostamente livres e iguais, unidos por um contrato social em tese livremente aceito, que deveria atribuir a todos os mesmos deveres e os mesmos direitos, a questão das competências pode ser abordada de uma perspectiva duplamente otimista. Diremos de bom grado:

– que todos necessitam de certas competências "cidadãs" para participar da gestão desse conjunto harmonioso;
– que são necessárias outras competências básicas para comandar a própria vida de acordo com suas aspirações e com seus projetos.

Em função dessa visão "angelical" da sociedade, poderíamos facilmente propor competências como:

- Saber votar e assumir suas responsabilidades em um sistema político democrático e na vida associativa, sindical, etc.
- Saber proteger-se, constituir uma família, firmar e respeitar contratos (de casamento, de trabalho, de aluguel, de seguros, etc.) para ganhar a vida em uma sociedade de livre concorrência.
- Saber aplicar ou despender seus recursos de modo inteligente em um mercado livre e transparente, utilizando racionalmente as informações sobre produtos e serviços.
- Saber formar-se, aprender, utilizar as informações disponíveis, orientar-se no sistema educacional.
- Saber ter acesso aos bens culturais e às mídias, escolhendo com discernimento seus lazeres e suas práticas culturais.

- Saber gerir sua saúde, utilizando de forma preventiva e responsável o sistema médico-hospitalar.
- Saber defender seus direitos e seus interesses, pedindo a proteção da polícia e recorrendo aos procedimentos e às instâncias judiciais.

As condições dessas práticas são asseguradas parcialmente nos países mais democráticos e mais desenvolvidos e, em particular, nas classes altas e em parte das classes médias. Daí a considerar que se trata da condição humana "comum", há uma grande distância, por duas razões:

1. Na maior parte dos países do mundo, essas competências interessam apenas a uma minoria da população, os privilegiados que têm um modo e um nível de vida próximos aos dos países privilegiados. Para a maioria dos habitantes do Terceiro Mundo, no que se refere à situação de urbanização, do sistema político, da saúde, da escola, do consumo, da paz e da segurança civis, essas competências não têm utilidade. Para viver e sobreviver quando a fome, a miséria urbana ou a guerra civil são a cota diária da maioria, são necessárias outras competências.
2. Mesmo nos países desenvolvidos, há pessoas destituídas de direitos políticos (principalmente imigrantes), desempregados, pobres, membros de minorias, excluídos que têm sonhos de consumo, de participação ou de integração, mas que não dispõem dos meios para ter acesso a isso, enquanto outros, dissidentes marginais, não aderem à visão dominante de uma existência "normal" ou "feliz".

Quando se enunciam competências pretensamente "universais", privilegia-se uma parte do planeta e um modo de vida nas sociedades ricas. Se consideramos apenas as sociedades mais desenvolvidas, por exemplo, os países membros da OCDE, o problema é duplo:

1. Alguns de nossos contemporâneos gostariam de estar bem-integrados à sociedade de consumo para que as competências enumeradas acima lhes fossem úteis; muitos sem-teto ficariam felizes de saber aplicar de forma inteligente seu dinheiro, mas eles não têm dinheiro; seu problema não é ser bons consumidores, mas ter acesso ao consumo e sobreviver no dia-a-dia; para isso, é preciso ter competências que não são necessárias às pessoas bem-estabelecidas na vida.
2. Outros não aderem ao sistema político, econômico, social, moral dominante; estes necessitam de competências diferentes para viver à margem, fora das normas, às vezes fora da lei, não passar a vida

toda trabalhando, sobreviver sem moradia estável e sem constituir família, recusar alistar-se no exército ou curvar-se aos costumes mais convencionais.

Geralmente, os cidadãos integrados e em harmonia com a sociedade dão respostas diferentes a essas duas categorias:

- aos excluídos, eles propõem ajuda, mas com a condição de que se ajustem às regras da assistência, procurem trabalho, fixem moradia, estudem, cuidem-se seriamente, parem de beber ou de usar drogas, respeitem a lei, não desperdicem seus parcos recursos, etc.;
- aos marginais e dissidentes, eles dizem que na democracia todos devem curvar-se às leis e às decisões da maioria; quem não fizer isso que assuma os riscos inerentes à sua marginalidade ou ao seu desvio, incluída aí a repressão.

Assim, vistas do centro da sociedade, as competências prioritárias limitam-se àquelas exigidas por uma "vida social normal", admitindo que é preciso *ajudar* os que querem ter acesso a ela, mas que estão impedidos (por sua saúde, sua instrução, sua situação econômica). Os amantes da normalidade ignoram ou têm medo daqueles que escolhem deliberadamente viver à margem ou na dissidência.

Uma organização intergovernamental que reúne os países mais desenvolvidos pode escapar a essa visão estreita da normalidade? Quando ela solicita a especialistas de diversos países e de diversas disciplinas que identifiquem as competências-chave que serão necessárias nas sociedades desenvolvidas no início do século XXI, será que pede a eles, ao menos implicitamente, que adotem um ponto de vista "politicamente correto"? Isso não seria nada surpreendente, na medida em que uma organização desse tipo expressa necessariamente a visão das classes dirigentes e das classes médias das nações desenvolvidas, basicamente de acordo com o sistema político e econômico dos países membros.

Um sociólogo radicalmente crítico poderia sugerir a hipótese de que, sob o pretexto de definir competências-chave, o que se pretende é reafirmar, em uma linguagem moderna e aparentemente não-normativa, uma visão da *normalidade*. Ele concluiria que é melhor não aderir a um projeto puramente ideológico. Talvez este não levasse em conta os sobressaltos, as contradições e as mudanças culturais e tecnológicas que caracterizam o mundo atual (Morin, 1977; Dubet e Martucelli, 1998).

Devido a essa complexidade, pode haver lugar para um *debate* e uma oportunidade de definir as competências-chave de maneira bastante ampla, considerando a pluralidade dos valores e dos modos de vida e estendendo a "normalidade" de sorte a incluir todo tipo de relações com o trabalho, com a ordem social, com a sexualidade, com a família, com o consumo, com a cultura, tendo em mente a infinidade de condições, de posições e de projetos que coexistem nas sociedades desenvolvidas.

A questão é bastante difícil. Uma democracia não pode legitimar tudo. É preciso ter competências para administrar um campo de concentração, perseguir minorias, planejar um assalto, fraudar o fisco, torturar dissidentes, organizar a exploração sexual das crianças, preparar um golpe de Estado, desenvolver novos tóxicos bioquímicos ou criar um partido fascista. Evidentemente, essas competências não fazem parte das competências legítimas que um Estado democrático poderia propor-se a desenvolver.

Trata-se de saber *onde fixar os limites do pluralismo*. No tempo de Galileu, dizer que a Terra girava em torno do Sol podia ser "mortal". No século XIX, organizar uma greve era ilegal e, nas sociedades conservadoras, proibia-se ou ainda se proíbe a prática do aborto. Os limites da legalidade e da normalidade psíquica vão sendo redefinidos ao sabor das mudanças culturais. Onde nos situamos hoje? Qual o grau de dissidência, de desordem, de diferença, de resistência, de contradições, de conflito aberto que se tolera nas sociedades desenvolvidas? Quais são as práticas sociais defensáveis? Onde começam aquelas que não são compatíveis com a visão atual de uma vida "normal"? Em suma, a que imagem da "condição humana" referir-se para construir um referencial "universal" de competências básicas?

Diante de questões tão difíceis, seria melhor, para preservar sua inocência, evitar respondê-las e limitar-se a analisar a parcela de ideologia que há em todo inventário, por mais neutro que possa parecer. Assumirei o risco de uma posição menos confortável, porque o trabalho sobre as competências básicas, com toda a sua ambigüidade, diz respeito também àqueles que, a exemplo dos sociólogos, aconselham a questionar a norma e sugerem considerar diversas relações com o mundo e com a sociedade como igualmente dignas de ser levadas em conta e associadas a competências relevantes da educação escolar básica.

São necessárias, evidentemente, competências incomuns para dirigir o mundo ou as organizações e para ocupar posições excepcionais. Porém, preferi centrar-me:

- nos atores *ordinários*, a mulher ou o homem do povo, que tentam sobreviver e viver o melhor possível, preservando sua *autonomia* sem tolher a do outro...
- nas competências de que necessitam para não ser enganados, alienados, dominados, explorados ou vítimas impotentes da miséria do mundo.

De fato, é com o homem e a mulher "do povo" que a política educacional deve preocupar-se. Adotando essa perspectiva, não pretendo, de modo algum, esgotar o inventário de competências necessárias ao ator ordinário. Outras vozes, a partir de outras ancoragens ideológicas ou disciplinares, farão outras proposições.

Não pretendo apresentar aqui um ponto de vista objetivo. É possível descrever objetivamente práticas sociais e as competências que elas promovem. Entretanto, isso não define prioridades. Uma abordagem estática não poderia levar a um consenso geral: supondo-se que se constate que um grande número de seres humanos mente, trapaceia ou se acomoda para não encarar o que os afeta, será que se deveria então erigir a arte da mentira, da fraude ou da má-fé em competências básicas? Recusar radicalmente essa questão significa refugiar-se em uma visão angelical da sociedade e do poder. Aceitá-la inteiramente significa admitir a arte de roubar, de torturar e de matar entre as competências básicas...

A escolha que faço aqui não ajuda a superar esse dilema. Sem dúvida, colocar-se ao lado daqueles que não pertencem às classes dominantes nem são ricos pode aplacar a consciência. Todavia, a virtude não é apanágio dos pobres e dos explorados. Além disso, como se defender sem recorrer à esperteza e, eventualmente, à violência? Quem poderia vangloriar-se de ter solucionado esse dilema? É preferível conviver com ele e problematizá-lo a fingir que o resolveu.

Outra dúvida: deve-se limitar o raciocínio aos países desenvolvidos, com o risco de enunciar competências que só se tornam possíveis com base nas relações Norte-Sul e em um desenvolvimento econômico operado em detrimento do Terceiro Mundo? Deve-se estender o raciocínio a todo o planeta, sucumbindo a um etnocentrismo cultural e praticando um exercício surrealista para os países que ainda estão muito distantes de uma vida democrática e que não atingiram um nível de vida decente?

Embora correndo o risco de parecer demonstrar uma indiferença condenável à miséria do Terceiro Mundo, preferi restringir-me aqui às sociedades ditas desenvolvidas, pois, de outro modo, a tarefa seria impossível, considerando a imensa diversidade de contextos políticos, culturais e econômicos. Em contrapartida, é fundamental não esquecer que definir competências básicas para o século XXI é um privilégio de países fortemente escolarizados, suficientemente ricos para dispor dos meios para formular e pôr em prática uma política de competências e cujo maior desafio não é mais a simples sobrevivência...

COMPETÊNCIAS TRANSVERSAIS?

Mesmo nos restringindo aos países desenvolvidos, resta uma questão essencial: é possível identificar competências transversais, que se apliquem aos diversos setores da vida social, como família, trabalho, saúde, educação, política, mídias, etc.? Para responder a isso, seria conveniente realizar análises comparativas e interdisciplinares.

Visto que se optou por identificar um pequeno número de competências transversais sem se fundamentar em trabalhos comparativos concebidos e realizados com esse fim, só nos resta levantar hipóteses.

É evidente que em uma sociedade coexistem práticas muito diversas e específicas, que se apóiam em saberes teóricos, saberes especializados e saberes de ação próprios a um campo social ou a uma organização. Assim, mover-se no mundo do direito fiscal, da saúde e dos negócios imobiliários requer competências muito diferentes. Isso não exclui as analogias superficiais: procurar um jeito de pagar menos imposto, um medicamento para combater uma doença ou um terreno para construir é sempre procurar, mas em um nível de abstração em que a identidade de palavras mascara a diversidade dos processos mentais e dos conteúdos de saber.

Contudo, creio que as ciências humanas e sociais podem identificar certas "invariantes funcionais" e tentar relacioná-las a competências transversais, ao menos por duas razões:

- os seres humanos põem em jogo operações mentais, uma relação com o mundo e as competências relacionais que não mudam completamente conforme o âmbito e o conteúdo de sua atividade;
- eles funcionam como atores em campos sociais cujos funcionamentos apresentam traços comuns.

Como antropólogo e sociólogo, eu privilegiaria o segundo registro, a aproximação pela teoria dos *campos sociais*. Imagino que meus colegas de outras disciplinas, confrontados com uma tarefa semelhante, optarão por outras transversalidades, específicas de sua disciplina, em termos de identidade, de personalidade, de modo relacional. Isso não conduzirá necessariamente a se referir a outras práticas sociais. Trata-se, na verdade, de olhares complementares dirigidos às mesmas realidades.

Mesmo com o risco de criar mais confusão, eu abordaria a transversalidade aqui em um sentido particular. No campo escolar, as competências transversais (Rey, 1996) são as que *atravessam* as diversas disciplinas. Aqui, as competências transversais são as que *atravessam* diversos âmbitos da existência humana, sem referências às disciplinas científicas ou escolares.

Não pretendo, portanto, expressar o ponto de vista *da* sociologia, mas sim o de um sociólogo interacionista, construtivista, especialista das práticas e da educação e cujas referências teóricas foram construídas ao sabor de um itinerário intelectual específico. Empregarei aqui de forma bastante livre a noção de *campo social* desenvolvida por Bourdieu (1980, 1982, 1997; Lafaye, 1996; Pinto, 1998), porque ela me parece particularmente pertinente para identificar uma das transversalidades interessantes: todos os atores agem nos campos sociais, cujas leis de funcionamento apresentam semelhanças sociológicas importantes. Por isso, encontrar ou construir *a chave dos campos* poderia ser uma competência básica do ator social comum.

Agir no campo social

Mesmo quando alguém age sozinho, não se move em um vazio social. O senso comum e as ciências do homem geralmente falam de um meio, de um entorno, de um ambiente social ou sociocultural. O conceito de campo social permite dar um passo adiante: esse ambiente é *estruturado* em campos sociais múltiplos, caracterizados por *desafios* específicos. A transversalidade não reside na natureza dos desafios, mas em sua própria existência e nas práticas, nas interações, nas alianças e nos confrontos que eles engendram.

Lafaye (1996) resume a noção de campo social na sociologia de Bordieu da seguinte maneira:

- um campo é um espaço estruturado – e, portanto, hierarquizado – com posições ou postos cujas características são relativamente independentes de seus ocupantes;
- cada campo se define por desafios e interesses específicos irredutíveis aos de um outro campo: o que mobiliza um cientista não é o mesmo que mobiliza um empresário ou um clérigo;
- um campo implica igualmente a posse ou a constituição de um capital próprio a ele. Possuir um grande capital econômico é essencial no campo dos negócios, mas totalmente incongruente no campo científico, onde o capital pertinente é de outra natureza: uma tese, uma publicação de alto nível, um reconhecimento internacional, etc.;
- um campo necessita do empenho de agentes sociais dotados de disposições apropriadas – que Bourdieu chama de "habitus" –, o que supõe conhecer as regras do jogo do campo considerado;
- a estrutura de um campo é o resultado, em um tempo t, de uma relação de força entre agentes ou instituições que ocupam posições diferentes;
- um campo é também um espaço dinâmico no qual se luta para conservar ou subverter a situação das relações de força: ocupar posições dominantes, transformar posições dominadas em posições dominantes, estabilizar posições instáveis, exigir o reconhecimento de posições situadas na fronteira do campo, desqualificar outras, etc. Essas lutas fazem parte da evolução da estrutura do campo. Disciplinas como a homeopatia ou a acupuntura, que por muito tempo ficaram à margem do campo médico, agora conseguiram ser reconhecidas e integradas a ele;
- um campo não é um espaço fechado. As fronteiras do campo constituem, em particular, um motivo permanente de lutas entre os agentes ou as organizações que o constituem. O exemplo do campo médico que acabamos de evocar ilustra plenamente essa característica;
- finalmente, dentro de um campo, a luta travada por defensores de diferentes posições pressupõe um acordo fundamental sobre o próprio interesse de lutar.

Já se pode perceber a existência de mecanismos comuns, que fundamentam a existência de competências transversais em todos os campos ou a vários deles. Contudo, não basta associar uma competência a cada uma das características de um campo! Será preciso recompor um referencial de competências à luz do conjunto dos funcionamentos assim descritos.

À medida que se torna mais velho, o indivíduo geralmente participa de vários campos:

- o campo do parentesco, no qual ele é e continua sendo a criança dos pais; com o passar do tempo, pode constituir uma nova família e ele próprio tornar-se pai;
- o campo da cultura, dos valores e das representações sociais, desde que tenha idade para se comunicar e compreender;
- o campo das relações sociais e amorosas, bastante precoce se considerarmos os psicanalistas;
- o campo do direito e da justiça: antes mesmo de nascer, a criança torna-se um sujeito de direito;
- o campo da religião, se a família é crente ou se ele passa a ser por decisão própria;
- o campo da saúde, desde que receba cuidados da medicina e dos seguros sociais;
- o campo do consumo, primeiro através de seus pais e depois de maneira mais autônoma;
- o campo da educação e da formação, desde o nascimento, por parte da família, e a partir de dois ou quatro anos por parte da escola;
- o campo político, quando o indivíduo tem idade para tomar parte nas decisões ou submeter-se a elas;
- o campo do trabalho, primeiro doméstico, depois o trabalho assalariado e relações de trabalho, às vezes, desde a infância;
- o campo do saber, do qual todos participam muito cedo, pelo menos no registro do senso comum, e como produtor de saberes especializados, quando se dedica a uma prática "teórica";
- o campo das mídias e da informação em uma sociedade na qual ninguém escapa, pelo menos como consumidor, das indústrias culturais e das comunicações de massa;
- o campo associativo, quando o indivíduo tem idade para aderir a um clube, a uma associação, a um sindicato, a um partido.

O importante é não cristalizar essa lista. Ela é apresentada apenas a título de *ilustração* e não pretende ser exaustiva. Limita-se aos campos em que é difícil não estar envolvido, em uma sociedade desenvolvida, a partir da idade adulta e, às vezes, desde a infância. Inúmeras pessoas estão envolvidas ainda neste ou naquele campo esportivo ou artístico. Alguns são atores no campo militar, por escolha ou como recrutas. Todos os ofícios, todas as práticas específicas constituem campos sociais parcialmente autônomos, assim como cada organização (empresa, hospital, prisão, escola, etc.), cada disciplina, cada confissão religiosa, cada comunidades específica.

Em cada campo, ser ator exige familiaridade com os saberes, os valores, as regras, os ritos, os códigos, os conceitos, a linguagem, o direito, as instituições e os objetos próprios ao campo considerado. Por isso, a entrada em um campo novo passa por um processo de *socialização*, mais ou menos rápido, às vezes fortemente organizado, às vezes selvagem e, em geral, vinculado a uma posição específica no campo: ingressar no campo hospitalar como paciente, visitante ou enfermeiro não exige a mesma socialização.

O que me interessa aqui são as competências e os saberes *transversais*, no sentido de que *atravessam* os diversos campos sociais e não são específicos de nenhum. Para atestar sua realidade, seria preciso realizar pesquisas comparativas de grande envergadura. Minha *hipótese*, com base em inúmeras observações pessoais e também em pesquisas em ciências sociais, é que, em todos os campos sociais, para não ser joguete das estratégias e das decisões de outros atores, é útil, ou mesmo indispensável, dispor das seguintes competências:

- saber identificar, avaliar e fazer valer seus recursos, seus direitos, seus limites e suas necessidades;
- saber, individualmente ou em grupo, conceber e implementar projetos, desenvolver estratégias;
- saber analisar situações, relações, campos de força de maneira sistemática;
- saber cooperar, agir em sinergia, participar de um grupo, compartilhar uma liderança;
- saber construir e coordenar organizações e sistemas de ação coletiva de tipo democrático;
- saber gerir e superar conflitos;
- saber operar com as regras, utilizá-las, elaborá-las;
- saber construir ordens negociadas para além das diferenças culturais.

Pesquisas comparativas com base na observação de práticas sociais e na identificação das competências que elas põem em prática produziriam um inventário mais rico e detalhado, o que permitiria circunscrever melhor, em cada caso, a parte transversal e própria a cada campo. Assim, saber *"identificar, avaliar e fazer valer seus recursos, seus direitos, seus limites e suas necessidades"* vale para um membro de uma família, para um estudante, para um paciente hospitalizado, para um acusado diante de uma corte de justiça, para um assalariado em uma empresa ou para um *boxeador* em um ringue. A semelhança dos problemas encontrados e das respostas apresentadas não atesta ainda a identidade dos mecanismos cognitivos em jogo. A observação dos atores que passam de um campo social a outro comprova uma certa *transferência*, tanto mais importante quanto mais se atenta aos processos psicossociológicos. A prudência exige que não se salte, sem fazer um exame, da identificação das competências semelhantes a uma estratégia de formação, abstraindo-se os campos em que elas se inserem. Voltarei a isso na conclusão.

Defender seus direitos e seus interesses é uma competência?

Não ser enganado, alienado, dominado, explorado ou vítima impotente da miséria do mundo não significaria simplesmente ter direitos e meios de exigir que sejam respeitados e de defender seus direitos e seus interesses? Por que exigir competências para obter o que provém da democracia e da lei? Porque o direito nada mais é do que um *recurso* para os atores, que modifica as relações de força, mas que é também sua tradução:

- Nenhum direito é adquirido sem luta. Se hoje as mulheres têm direito ao voto e sabem utilizá-lo cada vez melhor, é porque outras mulheres, não faz muito tempo, tiveram as competências e a coragem necessárias para exigir o reconhecimento desse direito. Pode-se dizer o mesmo do direito do trabalho, do direito da família. O assédio sexual, o *mobbing** ou a discriminação por razões de saúde (por exemplo, a Aids) ou por pertencimento a um gênero ou etnia estão longe de ser objeto de uma legislação protetora em todos os países desenvolvidos. A lei é produto da ação humana. Nesse sentido, as competências visadas aqui não consistem em reclamar da legislação existente, mas em promover sua evolução para aproximá-la dos "direitos do ser humano" e de princípios de justiça (Kellerhals, Modak e Perrenoud, 1997). Vale acrescentar que a competência de promover a evolução do direito não se restringe às legislações e às regulamentações oficiais, mas a todas as regras e convenções escritas e não-escritas que organizam a família, a vida associativa, as diversas comunidades, o trabalho assalariado, o mundo da educação.
- Uma vez em vigor, o direito só será respeitado se as pessoas lutarem por isso, ao menos nos casos em que sua estrita aplicação choca-se com interesses particulares ou com a razão de Estado. Os textos, por si só, não têm nenhum efeito, tudo depende de quem os conhece, de quem os interpreta, de forma restritiva ou generosa, em favor de um ou de outro, de quem os aplica escrupulosamente ou os distorce habilmente.

---

*N. de R.T. Abuso emocional, não-sexual, sofrido no local de trabalho.

O direito é um meio civilizado de canalizar as relações de poderes e os confrontos estratégicos entre atores sociais. Ele não os elimina, mas, ao contrário, torna-os ao mesmo tempo o desafio e a ferramenta (Lascoumes, 1997; Robert, Soubiran-Paillet e van der Kerchove, 1997).

Minha reflexão não diz respeito apenas às competências jurídicas, ainda que o ator social, para se tornar ou se manter autônomo em uma sociedade desenvolvida, necessite de uma boa cultura jurídica. Este é apenas um recurso entre outros.

Se tivéssemos de qualificar as competências do ator social enumeradas mais acima, eu diria que elas são *táticas* e *estratégicas* e que têm como base, além do direito, saberes psicológicos, sociológicos, econômicos, às vezes técnicos, científicos, informáticos ou administrativos, sejam eles adquiridos por formação, sejam eles fruto da experiência. Além disso, todos recorrem a capacidades como saber informar, refletir, analisar, comunicar, antecipar, negociar, regular, decidir, etc. Entretanto, esses recursos não são suficientes para constituir por si mesmos as competências. Estas últimas nascem da faculdade de *mobilizar* esses recursos com discernimento e de *orquestrá-los* em tempo hábil em uma situação complexa (Le Boterf, 1994, 1997).

Vamos procurar agora retomar uma a uma essas competências a fim de estabelecer em que tipos de situações elas são pertinentes e de descrever alguns recursos *específicos* que elas mobilizam.

ALGUMAS COMPETÊNCIAS PARA SER AUTÔNOMO

A autonomia exige competências, mas não se reduz a elas. Ninguém se tornará autônomo se não desejar. Esse valor não é universal. É indissociável da modernidade, da democracia e do individualismo. Portanto, seria uma exorbitância fazer dele uma norma para todas as épocas, em todas as sociedades. Em contrapartida, nas sociedades desenvolvidas, o sistema de valores privilegia a autonomia como aspiração e base de uma identidade individual. Situamo-nos aqui nesse contexto cultural, ou seja, em uma posição diametralmente oposta às visões do mundo que conclamam a todos a se fundirem na coletividade e na ordem estabelecida. Vale lembrar, no entanto, que a busca de uma forte autonomia individual não é a única fonte possível de identidade. A reflexão desenvolvida aqui só é pertinente em relação a um tipo de sociedade que valoriza a autonomia do ator, sua capacidade de *se* definir e de realizar *seus* projetos, de defender *seus* interesses e *seus* direitos. Embora esse modelo imponha-se progressivamente em todo o planeta, de um ponto de vista antropológico, isso não elimina seu caráter *arbitrário* (Bourdieu e Passeron, 1970).

Nesse cenário, deparamo-nos com um paradoxo: conceber o projeto de se tornar um ser autônomo já é uma manifestação de autonomia. A alienação total é não se pensar como sujeito capaz de autonomia, não se valorizar suficientemente para pensar e agir por si mesmo. Isso significa que não se pode situar a identidade em primeiro lugar e as competências correspondentes como suas "conseqüências lógicas". É conquistando os meios de uma primeira autonomia que se forja um início de identidade que, por sua vez, provê o desenvolvimento de novas competências.

Identidade e competências têm relações *dialéticas* e alimentam-se reciprocamente. Por isso, só é possível levar mais longe as competências analisadas a partir de uma aspiração à autonomia, solidária a uma identidade. Ao mesmo tempo, tal desenvolvimento transformará essa aspiração e a identidade que a fundamenta, graças a um círculo "virtuoso" que faz contraponto ao círculo vicioso da alienação.

Em cada uma das competências ou famílias de competências evocadas, há componentes identitários resultantes de relações com o mundo que não podem ser reduzidos a saberes ou habilidades, que supõem uma intenção e valores, que comportam uma face iluminada e zonas de sombra. Isso fica mais claro quando se propõe uma formação não-obrigatória: os que optam por segui-la somente o farão se aderirem às práticas e às posturas solidárias a elas. Quando se reflete sobre as competências básicas e se atribui à educação a missão de desenvolvê-las, confia-se a ela também uma tarefa de socialização, que igualmente valeria a pena explicitar.

Saber identificar, avaliar e fazer valer seus recursos, seus direitos, seus limites e suas necessidades

Na vida social, assim como em todo sistema vivo, nada se conserva por inércia. As coisas reconstroem-se permanentemente, ninguém está seguro de poder retomar seu lugar, seu emprego, seu poder caso se afaste ou simplesmente deixe de "montar guarda", como um marinheiro que sempre dorme com um olho só. Sabe-se de organizações ou sociedades políticas cujos dirigentes não se arriscam a tirar férias, nem a viajar, temendo que uma revolução palaciana promovida em sua ausência tire seu poder. Não basta estar presente, é preciso sempre fazer valer seus recursos, seus direitos, seus limites e suas necessidades:

- Fazer valer seus *recursos* para mostrar que o grupo depende deles e, ao mesmo tempo, que eles não são inesgotáveis nem mobilizáveis sem contrapartida. Os avós que atingiram a idade da aposentadoria dispõem de um recurso: o tempo; porém, se não o valorizarem, podem ser destituídos desse tempo, quando os fazem esperar sem mo-

tivo ou, sem perguntar se isso é bom para eles, confiam-lhes a guarda de crianças pequenas ou tarefas diversas, que aparecem quase como presentes, já que "eles não têm mais com o que se ocupar".
- Fazer valer seus *direitos* para que eles não sejam permanentemente esquecidos, subestimados ou vilipendiados. Vivemos em uma sociedade em que se respeitam os direitos daqueles que menos necessitam deles, porque são adultos, fortes e saudáveis, porque têm dinheiro, porque estão bem-integrados ao tecido social, são considerados e não são desprovidos de poder. Eles não precisam esforçar-se muito para salvaguardar seus direitos, porque poucos de seus contemporâneos arriscam-se a entrar em conflito com os que ocupam posições dominantes. Os abusos de direitos geralmente são exercidos sobre os mais fracos. No entanto, os prisioneiros têm direitos, assim como os pacientes, os indiciados, as crianças, os imigrantes, os portadores de deficiências, os idosos, os desempregados. São esses que necessitam de competências.
- Fazer valer seus *limites* também. Na interação, todos tendem a ignorar os limites do outro, por exemplo, suas angústias, suas dúvidas, suas ignorâncias, seus escrúpulos, suas fadigas, para forçá-lo a fazer "o que tem de ser feito". Alguns pais fingem ignorar que seus filhos sentem pânico da água, alguns patrões que seus empregados estão no limite de sua força, alguns oficiais que seus soldados não aceitam certas ações contra civis, alguns confessores que suas injunções colocam seus fiéis diante de dilemas dolorosos. Poderíamos multiplicar os exemplos de situações em que se constrange abusivamente uma pessoa ou um grupo a passar por cima de seus limites, seja porque não tem plena consciência deles, seja porque não ousa exigir que sejam respeitados ou não sabe *dizer não*.
- Fazer valer suas *necessidades*, finalmente. Uma pessoa que persegue seu próprio projeto não se preocupa em conceber muito concretamente as necessidades de seus interlocutores e parceiros. Ela só se dará conta disso se estes últimos as *expressarem*, se as *opuserem* às suas proposições ou às suas expectativas. Pode-se ignorar a necessidade de repouso, de silêncio, de segurança, de estima, de autonomia enquanto os interessados não a defenderem.

Em todos os casos, trata-se de encontrar força para dizer não, para exigir respeito, para afirmar seus direitos e suas necessidades, para se colocar como sujeito a ser levado em conta. Isso requer auto-estima, coragem e também perseverança, pois as regulações raramente têm efeitos duradouros. Dizer não, afirmar-se, fazer valer seus direitos, tudo é questão de competência:

- É preciso conhecer os textos e os princípios que os fundamentam para não parecer estar pedindo um favor, colocando-se de antemão na posição de devedor; é indispensável, por exemplo, conhecer a legislação sobre o trabalho, sobre a esfera privada, sobre a liberdade de expressão ou sobre o assédio sexual para defender seus direitos em uma empresa.
- É preciso saber propor ajustes ou soluções alternativas àqueles que se dispõem a reconhecer suas necessidades e seus direitos, mas sem sacrificar os próprios interesses; assim, quem quer receber o salário a que tem direito, em um momento pouco propício do ponto de vista de seu empregador, deve buscar uma solução eqüitativa, sem a qual obterá uma recusa ou sofrerá represálias; quem quer ver respeitado seu direito a ser ouvido a propósito de uma decisão aceitará trabalhar mais rápido para não atrasar o processo, etc.
- É preciso encontrar o tom e os *argumentos* para conseguir que suas necessidades e seus direitos sejam reconhecidos como legítimos, sem sofrer represálias ainda mais graves que sua negação; quem desejaria exercer o direito de se expressar sob o risco de ser demitido ou rebaixado ao menor pretexto?
- É preciso assegurar alianças, direito de apelação, soluções alternativas para não ficar só e sem alternativa se a reivindicação levar a um confronto.

Tudo isso remete a uma parte das competências descritas antes, particularmente "saber analisar situações, relações, campos de força de maneira sistemática" e "saber negociar e construir acordos".

Saber, individualmente ou em grupo, conceber e implementar projetos, desenvolver estratégias

Em uma "sociedade de projetos" (Boutinet, 1993, 1995), quem não tem projeto torna-se instrumento dos projetos de outros. Além dos direitos elementares e da ajuda mínima aos mais carentes que, no *Welfare State*, são assegurados a todos, a participação nos recursos e no poder passa pela adesão a um projeto coletivo ou pela realização de um projeto pessoal.

Saber conceber e implementar projetos não obriga a viver permanentemente desse modo. Mas o afastamento, nesse caso, é uma escolha, e não resultado da falta de competência. As conseqüências dessa escolha são assumidas conscientemente: sem projeto, o ator individual ou coletivo é vítima de uma certa marginalização, porque está sujeito às decisões e aos compromissos daqueles cujos projetos se confrontam. No mundo das empresas, ainda que se possa beneficiar de uma renda de ocasião, viver sem projeto conduz muito rapidamente à falência. Em outros âmbitos, menos sujeitos à concorrência, os efeitos são menos espetaculares, não se deixa de existir, mas passa-se a uma esfera de algum modo secundária, a dos espectadores. Observa-se esse fenômeno na escala da sociedade, assim como das organizações, tanto para os indivíduos quanto para as unidades. Isso ocorre inclusive na família.

Saber conceber projetos não é uma competência menor. Sem dúvida, é antes de tudo uma relação com a vida e com o mundo, a qual supõe identidade, vontade, energia e auto-estima, que são o oposto da vergonha (Gaulejac, 1996) e da depressão. Não há projeto sem *mobilização* da pessoa ou do grupo. Conceber um projeto exige, portanto, que ele tenha um *sentido* e encontre uma *força*.

Entretanto, a mobilização não se limita ao impulso inicial. Ela sustenta a gênese do projeto, mas também sua implementação. Não está livre da resistência do real. Todos são capazes de conceber projetos irrealistas, que abandonarão ao menor gracejo ou ao primeiro obstáculo.

Saber conceber projetos é mover-se no fio da navalha, na linha que separa a inércia da utopia, é projetar-se em um futuro possível, mas que só se realizará se a pessoa trabalhar para isso, colocando todas as chances a seu favor. Para que o Sol se levante, não é necessário conceber um projeto. Já para ir à Lua é preciso, porém esse projeto permaneceu utópico até meados do século XX, porque, no estágio em que se encontravam as ciências e a tecnologia, não havia nenhuma chance de conseguir isso. Um projeto deve manter-se na ordem do factível, conter uma parcela de sonho, de otimismo, mas dar a impressão de que não está fora de alcance.

Nota-se que aqui intervém o olhar de outros. Todos podem conceber projetos delirantes em seu foro íntimo, que os psicanalistas situarão no registro da fantasia. Desde que se faz menção de pretender realizar um projeto, os outros o percebem e o julgam. Às vezes, ele tem de ser enunciado claramente para ter uma chance mínima de obter os recursos, as informações, a cooperação ou as autorizações necessárias (Amadieu, 1993; Strauss, 1992). Uma primeira faceta da competência consiste, portanto, em conceber projetos de aparência plausível, que os outros eventualmente julgarão audaciosos, arriscados, mas não irrealistas. Quando Alain Bombard lançou-se à travessia do oceano em uma jangada, sem nenhum meio de subsistência, ele queria provar que era possível sobreviver graças aos elementos nutritivos da água do mar, em particular o plâncton: ninguém o tomou como louco, porque ele era biólogo e conhecia bem o mar. Quando os primeiros navegadores tentaram a volta ao mundo à vela, viajando solitários, os riscos eram grandes, mas eles eram vistos como esportistas treinados, que tinham todas as chances a seu favor. Quando a NASA decidiu que a espécie humana caminharia sobre a Lua, estávamos longe dos sonhos de Júlio Verne.

Para conceber um projeto de aparência plausível, são necessários dois tipos de recursos:

- uma excelente percepção das condições técnicas de êxito e dos meios de superar ou eliminar os obstáculos;
- um bom conhecimento psicossociológico das reações de que dependerá a iniciativa, a capacidade de convencer de que se tem uma meta, que os riscos são calculados.

Trata-se de recursos indispensáveis para conceber grandes projetos coletivos, projetos esportivos (por exemplo, organizar os Jogos Olímpicos), artísticos (construir uma catedral), culturais (criar um museu da civilização), científicos (combater a Aids), tecnológicos (desenvolver energias renováveis), ecológicos (lutar contra a desertificação), militares (declarar guerra ao Golfo e vencer), políticos (reunificar a Alemanha, criar uma moeda única na Europa) ou econômicos (tirar uma região do subdesenvolvimento, superar o desemprego). Estes são projetos que interessam ao conjunto de uma sociedade, e mesmo a todo o planeta. Encontram-se iniciativas equivalentes, igualmente ambiciosas e complexas, na escala de algumas organizações, por exemplo, quando uma empresa, uma administração ou um hospital deseja promover uma descentralização, uma transformação tecnológica, uma reforma, quando um partido, um sindicato ou uma associação quer conquistar o poder, renegociar uma convenção coletiva ou conseguir que se aprove uma legislação mais favorável. Mesmo grupos mais restritos podem conceber projetos audaciosos. Uma equipe de futebol pode planejar vencer o campeonato, um grupo de *rock* pode gravar seu primeiro disco, uma família pode imigrar em busca de um clima mais ameno, um casal pode adotar uma criança.

Esses projetos coletivos sempre repousam, em última análise, em indivíduos, pois são eles que sonham, pensam, calculam, ajustam, decidem, negociam. Mas o fazem, de maneira geral, a título de *membros* de grupos, de organizações e de sociedades. Isso poderia sugerir que não é indispensável que todos os membros de um grupo tenham as competências exigidas para conceber e implementar projetos, que bastaria que estivessem presentes no grupo, junto a seus dirigentes, a seus especialistas ou a algum membro inspirado.

A necessidade de que todos tenham competências é mais evidente quando são examinados os projetos de pessoas tomadas individualmente: projetos de viagem, de carreira, de reciclagem, de formação, de terapia, de poupança, de investimento, de criação, de busca (de uma moradia ou da pedra filosofal, dependendo do caso). O desafio, portanto, é que todo indivíduo saiba conceber e implementar projetos *pessoais* e participar ativamente na concepção e da implementação de projetos *coletivos*.

Saber desenvolver *estratégias* está relacionado aqui ao projeto, pois quem vive sem projeto, na rotina, não precisa de estratégia. A estratégia é a arte do movimento, do cálculo, é seguir em uma direção para atingir um objetivo a médio prazo, levando em conta eventuais obstáculos nem sempre previsíveis. Um projeto pode visar à transformação da situação, mas também à sua manutenção; nem todos os projetos são inovadores. Fazer de maneira a que nada mude é um motor essencial da ação humana, esteja correto ou não.

As competências estratégicas diferem em parte, conforme o campo social no qual se atua e o tipo de projeto. Contudo, as raízes do pensamento estratégico são as mesmas: saber prever o pior, imaginar todos os tipos de rumos possíveis dos acontecimentos, antecipar os obstáculos materiais e as reações dos parceiros e adversários, imaginar soluções originais no ato, controlar os efeitos indiretos e os efeitos perversos da ação (Boudon, 1977), avaliar com a maior precisão possível o tempo que levam as coisas, os recursos necessários, os apoios com que se pode contar, planejar tudo o que pode ser planejado e afastar-se do plano de forma consciente, avaliá-lo permanentemente e, ao mesmo tempo, reajustar as previsões e os planos de ação (Suchman, 1990).

Saber analisar situações, relações, campos de força de maneira sistemática

Uma parte das pessoas carentes permanece assim porque não tenta nada. Outras porque fazem esforços desordenados que não levam a lugar nenhum e, às vezes, agravam sua situação. Dörner (1997) mostra que, mesmo quando não há conflito, toda ação que não leva devidamente em conta as interdependências sistêmicas pode resultar em catástrofes a médio prazo, ainda que a curto prazo se registre algum progresso. De fato, tornar mais lenta ou desviar a circulação em uma cidade pode aumentar a segurança e a tranqüilidade, porém se isso paralisa o comércio urbano em proveito dos centros comerciais de fora, a perda de emprego e de vida social na cidade pode ser um efeito secundário bastante desagradável. Muitas vezes, o remédio é pior do que a doença, em particular quando se ignora a ordem vigente ou se tratam apenas os sintomas.

As estratégias dos atores fazem parte do campo de força e do sistema. As competências de análise sistêmica são necessárias, evidentemente, para um líder político ou sindical, para um empresário, para quem pretende mobilizar ou transformar um sistema social complexo, atuando, por exemplo, sobre a natalidade, a prevenção de doenças, a proteção do meio ambiente, o consumo ou o voto.

Defendo a idéia de que o ator autônomo, em sua escala, necessita das mesmas competências. Não para comandar políticas públicas, mas para construir e manter uma linha de ação coerente. Os pais que desejam assegurar o êxito escolar de seus filhos geralmente são de uma grande inabilidade, por falta de uma boa compreensão do sistema em que se movem. Querendo fazer o melhor, eles demonstram obstinação e suscitam resistências ou condutas evasivas proporcionais à sua insistência.

Uma parte das pessoas que são vítimas de injustiças ou de abuso de poder piora ainda mais sua situação, debatendo-se irrefletidamente, como animais presos em uma armadilha. Uma pessoa que se pretende internar sob o pretexto de que ela perde a razão pode reagir de forma tão impulsiva que acaba dando argumentos *a posteriori* aos que desejam confiná-la e ainda ajudá-los a angariar a simpatia das testemunhas. Uma pessoa que é vítima de injustiça (punição ou demissão arbitrária) pode ter reações tão violentas a ponto de extrapolar a lei, passando da condição de vítima à de agressor. Essas reações que vão ao encontro dos interesses táticos do ator demonstram antes de tudo falta de sangue-frio. O sangue-frio é uma competência ou uma maneira de ser no mundo? As duas coisas, sem dúvida. Para além do autocontrole, a capacidade de analisar as relações de força, quando está presente, pode ser um dos raros trunfos dos dominados. Apenas ela pode compeli-los a esperar pacientemente o momento em que sua reação terá mais chance de surtir efeito e estimulá-los a construir estratégias mais complexas, a planejar com astúcia o momento de buscar alianças ou recursos para reverter a situação a seu favor ou, pelo menos, para preservar seus interesses elementares.

Os dirigentes/dominantes precisam controlar todas as "táticas do poder" para assumir ou manter o comando da organização ou de um sistema mais amplo. Os atores comuns não têm essas ambições. Para preservar seus interesses ou realizar seus "pequenos projetos", eles necessitam simplesmente identificar os determinismos, as restrições, as margens de ação, as possibilidades. Para isso, eles devem construir uma representação esquemática, porém tão precisa quanto possível, do funcionamento do campo e de sua própria posição. Um ator "sociologicamente lúcido" sabe se é interessante manifestar uma indignação virtuosa, fazer um escândalo, lamentar-se ou, ao contrário, esperar o momento certo, mantendo uma postura discreta. Sabe se deve expor com franqueza suas necessidades, seus limites, suas zonas de dúvida ou de incompetência ou, ao contrário, encenar a "comédia da virtude" (Perrenoud, 1996a). Tem em mente um modelo do sistema de ação e de suas zonas de incerteza (Friedberg, 1992, 1993) que lhe permite prever e controlar as condutas dos outros e antecipar o que pode acontecer se tomar esta ou aquela iniciativa.

Uma formação em ciências sociais não é inútil, mas o que o ator comum precisa não é de teoria geral, e sim de um mapa conceitual do sistema de ação que lhe diz respeito, *aqui e agora*. Uma parte dos atores que defendem bem sua autonomia, ou mesmo que exercem poder, constrói um tal modelo intuitivamente, sem conceitos teóricos, à maneira de um saber empírico e, em parte, por tentativa e erro, o que remete ao bom uso da experiência e da prática reflexiva.

Saber cooperar, agir em sinergia, participar de um grupo, compartilhar uma liderança

Em uma sociedade complexa, é raro que alguém consiga atingir seus fins totalmente sozinho. Os partidos políticos, os sindicatos, os grupos de pressão são dispositivos que permitem àqueles que compartilham os mesmos interesses ou as mesmas convicções unir suas forças.

Defender sua autonomia significa, às vezes, restringir sua liberdade de manobra para fundir-se em um conjunto mais amplo de pessoas que defendem causas semelhantes ou uma causa comum. Esse é o princípio de todo sistema de ação coletiva. A primeira competência de um ator autônomo consiste em identificar grupos, partidos, associações ou outros movimentos já constituídos que possam ajudá-lo a atingir seus fins ou a defender seus interesses. A escolha nem sempre é fácil, visto que organizações concorrentes competem entre si. Além disso, quando a pessoa filia-se a uma organização, ela se submete a uma disciplina e a uma ortodoxia que nem todos estão dispostos a tolerar.

Quando o ator ingressa em uma organização existente, uma segunda competência torna-se indispensável para ele: a de saber integrar-se sem ser usado, mantendo-se fiel a seus princípios e a seu projeto inicial. Os militantes de organizações sociais e políticas aprendem a duras penas que isso não é fácil, que eles se tornam engrenagens de uma máquina de guerra na qual geralmente a razão estratégica prevalece sobre os estados de alma e os valores das pessoas. Esse é um dos dilemas permanentes do ator: permanecer só e, por conseguinte, impotente, porém livre; ou filiar-se a um grupo e ser levado a assumir compromissos para atingir os objetivos da ação coletiva. Esta é ainda uma questão de personalidade, de coragem, de determinação, mas também de competência: fazer valer seu ponto de vista no momento em que um grupo constrói sua posição e sua estratégia exige uma grande habilidade para compreender a dinâmica do debate e as tendências em jogo para não ficar isolado ou até mesmo reduzido ao silêncio. Além das habilidades de argumentação e de manobra, existem outras, igualmente fundamentais, como, por exemplo, saber discernir os limites da solidariedade e saber como construir alianças táticas ou mais duradouras.

Mesmo em uma sociedade superorganizada, falta construir sistemas de ação coletiva, tanto no interior das grandes organizações quanto fora delas, por exemplo, nos âmbitos em que ainda não existe nenhum ator coletivo, seja porque o problema é novo, seja porque o país está saindo de um período de repressão policial ou de crise econômica que impedia qualquer ação coletiva. A vida social produz permanentemente novas categorias de pessoas que descobrem interesses comuns. Assim, diversos tipos de vítimas (de seqüestros, atos terroristas, erros médicos, transfusões de sangue responsáveis pela Aids, acidentes aéreos, danos diversos) associam-se para defender direitos novos. Do mesmo modo, os próprios pacientes ou suas famílias organizam-se em torno de doenças, deficiências, transplantes de órgãos ou equipamentos raros. Vemos os desempregados constituindo grupos de pressão independentes dos sindicatos de assalariados e que, de alguma maneira, entram em conflito com os que ainda têm emprego. Diversas causas humanitárias mobilizam pessoas revoltadas. Movimentos ecológicos surgem em torno de uma usina ou de resíduos nucleares, de uma reserva natural ameaçada por incorporadores, do extermínio das focas ou das baleias.

As competências do ator autônomo não se limitam, portanto, a escolher uma organização existente para se filiar e desempenhar um papel ativo. Ele deveria também, junto com outros atores, *saber construir novos grupos*, associações de usuários, associações de bairros, movimentos ecológicos, etc.

A proliferação de movimentos sociais sugere que essas competências já existem. Todavia a observação de sua fragilidade e de suas lutas internas indica que isso ainda está longe de ser verdade, em parte porque as habilidades mais corriqueiras não permitem conciliar facilmente eficácia e democracia. Vemos associações democráticas que se esgotam em debates internos sem se apoderar da realidade e outras que dependem de um líder tirano.

Saber construir e coordenar organizações e sistemas de ação coletiva de tipo democrático

Pode-se fazer uma aproximação com o tema da cidadania, com a condição de que se aceite que a educação para a cidadania não é apenas uma questão de valor e de adesão ao modelo democrático. Essas são condições prévias, porém, sem competências específicas e pontuais, todas as associações caminham para a paralisia ou para a tomada de poder por alguns.

Também nesse caso, as competências só têm sentido de estiverem ancoradas em uma identidade e em convicções democráticas. Elas permitem pôr em prática uma parte dos ideais relativos, por exemplo, à transparência das decisões, ao estrito respeito aos procedimentos, à igualdade de oportunidades, à justiça.

Qualquer causa urgente pode mobilizar pessoas fora dos limites de um funcionamento democrático. Elas obedecerão a um líder autoritário se este lhes parecer capaz de livrá-las do problema quando o navio está naufragando. Em velocidade de cruzeiro, é diferente. A mobilização apenas se mantém se as pessoas sentem-se prestigiadas e partes integrantes das decisões. Isso se aplica mesmo às empresas, onde se estabelecem diversas estruturas de participação.

A democracia é limitada, nas empresas, pelo direito dos proprietários de dispor de seus bens, nas administrações, por decisões do governo, do parlamento e, às vezes, dos eleitores, ou ainda, nas igrejas, pela referência indiscutível a uma vontade divina e aos textos sagrados. Não há nenhuma razão para que a democracia seja demarcada dessa maneira nas associações às quais se filia não pela circunstância de um contrato de trabalho ou de batismo, mas em virtude de uma escolha pessoal, refletida, voluntária e reversível.

O espetáculo dos partidos políticos mostra que sempre existem formações, geralmente extremistas, sob as ordens de um líder carismático ou de uma oligarquia. A maioria dos grandes partidos governamentais só consegue preservar seus militantes e seus eleitores concedendo-lhes uma parte do poder, normalmente o mínimo estrito. Nas associações de menor envergadura nacional, que dispõem de menos recursos e competência, a democracia é desrespeitada com mais freqüência ou de maneira menos sutil. Isso ocorre porque, evidentemente, os que trabalham mais e pleiteiam mandatos não têm intenção de seguir docilmente sua base. A maioria dos dirigentes de organizações oscila entre um respeito incondicional à base e uma manipulação suficiente para salvar as aparências da democracia. Essa oscilação decorre da ambivalência dos dirigentes, divididos entre o gosto pelo poder e as convicções democráticas. Mas decorre também de um dilema: forjar uma decisão democrática exige tempo e geralmente conduz a um consenso frágil, a uma estratégia pouco coerente, que, de resto, revela-se publicamente antes mesmo de ser posta em prática. É por isso que existe conflito entre democracia e eficácia.

Para superar a tensão, é preciso construir uma cultura comum, métodos de trabalho, formas de delegação reversíveis, procedimentos de consulta e de decisão realistas no que se refere a prazos e a limitações táticas. O trabalho, em ampla medida, fica por conta apenas dos dirigentes, que concebem as estruturas, os estatutos, os canais de informação, os procedimentos de trabalho e de decisão. No entanto, quanto mais a concepção do funcionamento é amplamente compartilhada mais os membros tornam-se capazes de assumir responsabilidades e iniciativas no mesmo espírito, mais eles se mostram vigilantes e preparados para impedir os desvios autoritários, mais a organização em seu conjunto será democrática. Isso também é verdade para as empresas e administrações que desejam uma participação dos assalariados.

As competências correspondentes fundamentam-se, em parte, em um conhecimento do direito civil e dos princípios democráticos. Contudo, sua aplicação depende de diversas habilidades mais práticas, como, por exemplo, construir uma verdadeira alternativa, coordenar um debate, reestruturar uma problemática para sair de um impasse ou permitir à minoria salvar sua honra, dar a palavra aos dissidentes sem permitir que transformem o grupo em reféns, construir compromissos integrando lógicas contrárias, fracionar as decisões para evitar radicalizar as oposições ou, ao contrário, promover a adoção de uma política geral da qual decorrerão decisões particulares, descentralizar com discernimento, estabelecer mecanismos de recurso ou de regulação.

Pode-se considerá-las como competências políticas no sentido amplo do funcionamento de uma comunidade regida pela busca do bem comum. De forma ainda mais ampla, trata-se de saber negociar, construir acordos, decidir respeitando todas as tendências.

Saber gerir e superar conflitos

Evidentemente, é fora do âmbito de uma filiação comum que os conflitos desenvolvem-se da maneira mais legítima, portanto abertamente e, às vezes, violentamente. Entre nações, eles não são moderados por nenhuma instância forte, ainda que a ONU procure desempenhar esse papel. O mesmo ocorre em caso de guerra civil, quando a própria justiça e as instituições estão em crise ou divididas entre tendências antagônicas.

A filiação comum a um grupo não elimina os conflitos. A "união sagrada" só existe nos momentos mais dramáticos da vida de uma nação ou de uma organização. Em períodos menos agitados, ela se desfaz. Em uma sociedade democrática, o Estado, o direito, as convenções coletivas e um sistema de valores compartilhados oferecem um aparato legal e moral amplamente aceito pelos adversários na regulação de seus conflitos. Ocorre o mesmo no interior das organizações, onde as instâncias dirigentes desempenham o papel de Estado. Isso não impede que as sociedades e as organizações sejam palco de greves, manifestações, ocupações e outros enfrentamentos verbais e eventualmente físicos entre grupos ou entre eles e as forças da ordem.

Em suma, uma sociedade democrática não abole o conflito, mas propõe um enquadramento jurídico, em sentido amplo, incluindo os procedimentos civis, penais ou administrativos, assim como os tribunais de júri, diversas instâncias de mediação, as negociações e convenções coletivas e todas as instituições que, a este ou àquele título, formalmente ou informalmente, favorecem a expressão pacífica dos diferentes e a busca de um compromisso eqüitativo. Pode-se utilizar eufemismos, como divergências de pontos de vista ou "debates democráticos", para qualificar os conflitos, mas os interesses ou as opiniões ali podem ser tão opostos quanto entre verdadeiros adversários, quando está em jogo, por exemplo, assumir a liderança da organização ou conquistar a maioria para determinada decisão.

Quando se chega à violência nua e crua, seja em uma cidade, em um condomínio, em um bairro, em uma prisão ou em uma empresa, é porque, evidentemente, os mecanismos de resolução pacífica de conflitos não foram suficientes. Isso não significa que eles não existam ou que sejam ineficazes. Ao contrário, na maioria dos casos eles permitem conter a escalada. Infelizmente, seus limites são infinitamente maiores que as mediações bem-sucedidas.

Atualmente, a crise econômica, as migrações, as misturas multiculturais, a insegurança e a desorganização urbana, o ritmo das transformações tecnológicas, o crescimento do desemprego, da precariedade e das desigualdades constituem novas fontes de enfrentamento. É provável que a capacidade de regulação pacífica dos conflitos tenha-se ampliado ao longo dos séculos, em termos absolutos, mas ainda é insuficiente em vista da complexidade crescente do mundo contemporâneo.

As competências requisitadas são em parte competências de especialistas: magistrados, mediadores, conciliadores profissionais. Eles só deveriam intervir no final do percurso, quando fracassaram as mediações mais próximas das partes. Felder (1985) analisa o funcionamento das *community boards**

---

*N. de R.T. Grupos de voluntários das mais diversas composições quanto à profissão, à religião, à orientação sexual, à origem étnica e ao nível econômico, que se dedicam a solucionar problemas e conflitos individuais ou de relacionamento na comunidade, tais como prevenção da violência, justiça popular, etc.

em San Francisco e mostra que nas áreas desfavorecidas, nas quais os conflitos de vizinhança são intensos e numerosos, instâncias locais, constituídas de voluntários desinteressados e membros eleitos, podem fazer um excelente trabalho de mediação. Fora de estruturas organizadas, um importante trabalho de mediação informal é feito todos os dias, em todos os campos sociais, por pessoas não diretamente envolvidas nos conflitos, por atores solidários com uma das partes, mas que defendem uma solução negociada, ou pelos próprios atores, quando não se querem deixar enredar em uma escalada e buscam um acerto de contas pacífico.

Para identificar competências *necessárias*, não ajuda em nada considerar que elas são inteiramente inexistentes. Ao contrário, trata-se de *reforçar* as que existem, de permitir a um número ainda maior de atores desenvolvê-las. Nos casos mais difíceis, é preciso recorrer a mediadores especialistas, mas é preferível que os profissionais sejam o último recurso e que o enfrentamento dos conflitos seja prioritariamente um problema dos interessados ou de seus próximos.

Entre as competências requisitadas, a primeira é uma abordagem serena do conflito, como modo *normal*, aceitável, não-perverso de relação entre seres humanos, como contrapartida da liberdade e do pluralismo. Isso pressupõe uma cultura psicossociológica que permita não demonizar o conflito e não tentar resolvê-lo negando-o ou estigmatizando-o com uma patologia.

Em segundo lugar, requerem-se procedimentos mais pontuais, como, por exemplo:

- análise das questões em jogo, da gênese do conflito, das razões de uns e de outros, das tentativas de conciliação que fracassaram;
- negociação e estabelecimento de condições, de um ambiente e de regras do jogo que permitam o diálogo, o acerto das diferenças, a busca de uma solução aceitável para as partes;
- implantação de um dispositivo preventivo ou de acompanhamento.

Conforme a natureza do conflito, é desejável, no caso de a mediação ser feita por um terceiro, que este tenha conhecimentos técnicos para compreender a natureza do desacordo; porém, não é o essencial. Um mediador pode perceber o que está em jogo sem substituir os atores e, melhor ainda, sem ser capaz de realizar o trabalho das pessoas em conflito. Por trás de oposições técnicas, muitas vezes ocultam-se disputas de poder, de território, de precedência, de direitos autorais, de reconhecimento de méritos, de liberdade e de controle, de divisão do trabalho, de eqüidade. Os mecanismos, nesse caso, são transversais. A especialização do mediador diz respeito ao seu funcionamento. Se a resolução do conflito passa por soluções técnicas, seu papel não é dirigi-los, mas sim estimular os atores a construí-las juntos.

Saber operar com as regras, utilizá-las, elaborá-las

A instauração de regras tanto pode favorecer quanto desfavorecer a autonomia de cada um. Em uma sociedade, uma organização ou uma família autoritárias, o poder impõe regras que privam os atores de autonomia. Uma sociedade democrática, ao contrário, prescreve regras que preservam a autonomia dos sujeitos, da declaração universal dos direitos do homem, no regulamento interno de uma escola, de uma empresa ou de um condomínio.

Portanto, para otimizar sua autonomia, um sujeito precisa saber:

- identificar ou compreender os textos que restringem ou garantem sua autonomia;
- encontrar precedentes e uma eventual "jurisprudência" que poderiam favorecê-lo;
- estimar a margem de interpretação que essas regras autorizam em seu uso ordinário;
- entender o procedimento pelo qual eventualmente se pode obter uma derrogação;
- descobrir e implementar procedimentos mediante os quais se pode propor um ajustamento ou uma revogação da regra.

Provavelmente, essas formulações evocam à primeira vista regras do direito, mas aplicam-se, por analogia, a qualquer sistema de normas explícitas ou mesmo implícitas. Um adolescente deve encontrar respostas a essas questões para saber quantas vezes por semana ou por mês pode chegar tarde da noite, até que hora sua entrada tardia é tolerada ou provoca reações desagradáveis. Do mesmo modo, um paciente hospitalizado tem de descobrir os limites de sua autonomia e aprender a operar com as regras vigentes no serviço para poder ampliá-los.

Quando as regras são propriamente jurídicas, é preciso, evidentemente, um conhecimento da linguagem e dos conceitos do direito formal. Nesse caso, e em todos os outros, são necessárias competências "psicossociológicas" para identificar a regra e a margem de manobra que ela possibilita, por tentativa e erro, fazendo perguntas anódinas, ouvindo anedotas, analisando os mecanismos de identificação e de repressão do desvio, identificando os pontos fracos dos responsáveis pela aplicação das normas. Mas, acima de tudo, é preciso abandonar sua relação infantil com a autoridade, livrar-se de qualquer superego inoportuno ou parar de imaginar que o céu desabará sobre aqueles que se afastam da regra. Essa competência de análise e de consideração do estatuto humano, negociável e modificável da norma, o conhecimento de sua arbitrariedade, dos interesses a que ela serve, do fato de que ela não tem nada de sagrado e de que a repressão ao desvio não é automática nem padronizada, tudo isso aumenta a liberdade interior do sujeito e permite-lhe construir uma relação estratégica com as regras que limitam sua liberdade.

Em contrapartida, isso pressupõe uma educação ética que permita fazer bom uso da autonomia conquistada, substituindo o julgamento pelo respeito incondicional a uma norma porque é a norma.

Saber construir ordens negociadas para além das diferenças culturais

Não se pode viver na desordem, a não ser provisoriamente. Ao mesmo tempo, em uma sociedade pluralista, democrática e em constante mudança, não há uma ordem tradicional, imutável e nem mesmo estável, que proponha uma resposta a cada situação, mas, sobretudo, que limite de forma drástica as situações que possam ocorrer. A ordem social é frágil, permanentemente contestada ou em crise, regularmente remanejada, renegociada (Padioleau, 1986). Somente os que sabem participar dessa negociação conseguem eximir-se. Os outros perdem o pouco que haviam conquistado quando as regras do jogo mudam. Assim, a passagem às economias estruturalmente inflacionárias espoliou os poupadores que presenciaram, como espectadores, a construção de uma nova divisão do poder.

Em nossa sociedade, em razão das mudanças tecnológicas, das reestruturações do aparelho produtivo, das recomposições de sociedades ou de organizações inteiras, das fusões, dos deslocamentos populacionais de um país ou de um continente a outro, um número crescente de pessoas encontra-se em um ambiente novo, rodeadas pelo desconhecido e mergulhadas em interações cujas regras não compreendem ou não compreenderam ainda.

Assim, para evitar tanto *Mad Max** quanto o recolhimento de cada um em si mesmo e em sua família, é importante que um máximo de atores saiba (re)construir de forma negociada e artesanal *ordens microssociais provisórias*, que permitam viver junto. Nos casos extremos, por exemplo, em certas favelas, em certas comunidades emergenciais, em certas zonas de fronteira, campos ou bairros carentes, a coexistência deve ser organizada entre comunidades que não falam a mesma língua, não têm a mesma cultura e precisam compartilhar recursos escassos e espaços limitados. Para que a coexistência seja pacífica, seria necessário que os atores em questão dispusessem dos meios de criar uma ordem e, portanto, de comunicar, de expressar necessidades, de articular pontos de vista e interesses. O que parece improvável em condições tão extremas é

---

*N. de R.T. Guerreiro solitário, enlouquecido, personagem principal de uma série de filmes e revistas. Iniciadas em 1965, as histórias desenvolvem-se em um cenário pós-holocausto atômico.

um pouco mais fácil nas áreas em que a vida é menos ameaçada, desorganizada ou precária. Mesmo assim, são necessárias competências *para organizar a coexistência*, para não dizer uma nova comunidade. Mesmo quando as diferenças culturais são internas à mesma sociedade global, fazer concessões para construir uma ordem viável não é fácil. Consta-se isso quando pessoas instruídas, civilizadas, que partilham os mesmos valores, encontram-se em um salva-vidas, em uma ilha deserta ou isolada, longe de todos os recursos. Na Suíça, a defesa civil, por muitos anos, previu que, em caso de conflito nuclear, uma parte da população teria um abrigo duradouro em porões especialmente preparados, protegidos de radiações e isolados da atmosfera externa. Para antecipar problemas de coexistência nesses espaços exíguos, foram realizadas experiências em alguns edifícios, com moradores voluntários e por períodos curtos. Elas mostraram a extrema dificuldade que enfrenta um grupo reunido pelo infortúnio para construir regras que possibilitem a vida coletiva, principalmente procedimentos de decisão democrática e regras de justiça quanto às tarefas, aos espaços e aos privilégios de cada um em função de sua idade, de suas necessidades e de seu *status*.

Em circunstâncias menos confinadas ou menos dramáticas, a falta de competências não tem efeitos tão visíveis, mas contribui para "minar" os grupos e as organizações interiormente e para favorecer seja os desvios autoritários, seja uma forma de anomia e de desorganização das comunidades que devem sua sobrevivência à negociação, e não a uma dependência comum em relação a um guru ou a um dogma bastante forte para colocá-las de acordo.

FORMAR PARA UMA PRÁTICA REFLEXIVA

Evidentemente, essas diversas competências mereceriam ser analisadas em componentes mais específicos. Do mesmo modo, os recursos que elas mobilizam deveriam ser metodicamente identificados. É mediante essa condição que se poderia começar a construir programas de formação dessas competências.

Pode-se supor que uma pessoa extremamente erudita e inteligente seria capaz de construir essas competências por seus próprios meios, aprendendo muito rápido com a experiência. Nas pessoas mais comuns, cujos recursos serão menos relevantes, a construção de competências definidas passa por um treinamento organizado, desde o ensino fundamental. A escolarização não exclui, ao contrário, que também se oriente o desenvolvimento dessas competências ao sabor da experiência de vida e de uma prática reflexiva. De resto, uma verdadeira formação articularia essas dimensões.

Uma autonomia refreada

No momento em que um ator entra pela primeira vez em um campo social definido, é normal que não saiba grande coisa e que não seja muito competente. A não ser, é claro, que tenha recebido a devida formação, mas nesse caso pode-se considerar que a formação faz parte do campo: ser seminarista já significa fazer parte do campo eclesiástico. A maior parte dos campos organizados prevê um estatuto especial para os recém-admitidos, que permite justamente que aprendam o que devem saber e concede-lhes o direito de errar e de tatear por um período de iniciação mais ou menos codificado. A socialização, quando é organizada, geralmente privilegia uma espécie de conformismo. Ela é comandada pelos atores dominantes do campo e não visa necessariamente à sua autonomia, seja porque esse não é um valor importante (por exemplo, em um exército, em uma ordem religiosa, em certas empresas), seja porque ela entra em contradição com outros valores (obediência, humildade, eficácia, uniformidade), seja ainda porque ela não está associada ao estatuto do recém-admitido. Portanto, tornar-se um ator autônomo não está necessariamente "no programa". Em diversos campos sociais, as competências e a autonomia de um ator são limitadas àquilo que sua posição autoriza e exige. Sabendo mais, ele seria uma ameaça à ordem estabelecida!

Existem certas organizações cujo trabalho de socialização visa à autonomia dos atores que nelas ingressam. Se essa fosse a regra, não seria necessário preocupar-se em desenvolver a autonomia do ator e as competências correspondentes na formação básica. Na realidade, a socialização interna a um campo social é quase sempre um projeto paradoxal, que privilegia uma certa forma de autonomia sem a qual o campo não poderia funcionar e, ao mesmo tempo, a restringe para que ela sirva à unidade, aos objetivos e aos interesses dos atores dominantes no campo, aqueles que controlam os processos de socialização e, às vezes, de admissão.

Isso é evidente em uma organização, campo específico fortemente estruturado por um poder organizador e ao qual se pertence em virtude de uma decisão formal e ao sabor de uma socialização claramente assumida. Em um campo social, os processos de socialização normalmente não são organizados de maneira tão deliberada, mas observa-se a mesma tensão, com um duplo limiar: aquém de um primeiro limiar, a falta de autonomia impede o campo de funcionar; além de um segundo, ela ameaça a existência ou simplesmente a configuração estabelecida dos poderes.

Portanto, o desenvolvimento da autonomia dos indivíduos, desde que não se limite a ampliar seus vínculos, constrói-se necessariamente, pelo menos em parte, *contra a lógica de cada campo*. Por isso, é importante que o sistema educacional não seja totalmente dependente em relação a outras organizações e a outros campos sociais, mas que também trabalhe no interesse de atores individuais, e mesmo coletivos, para além de seus diversos vínculos, no sentido da formação de atores reflexivos e críticos.

Agir como prático reflexivo

A noção de prático reflexivo foi popularizada pelos trabalhos de Schön (1994, 1996) no contexto da pesquisa sobre as profissões e as formações correspondentes. Retiro-a aqui desse contexto, porque ela me parece estreitamente conectada à problemática da gênese das competências de um ator social autônomo, definido *independentemente de sua normalização em uma certa organização ou em um certo campo social*. Trata-se, para ser mais claro, de tornar os atores o mais independentes possível dos *limites* que cada organização ou cada campo social fixa para sua autonomia.

Em outras palavras, o desafio é tornar autônomo mesmo em relação às normas sociais que regem a autonomia nos diversos campos constitutivos de uma sociedade moderna. Isso reforça a idéia de que o ator não é a mera soma de papéis que lhe são designados nos diversos campos dos quais faz parte, por sua vontade ou à força.

Sob certos aspectos, essa postura é, sem dúvida, bastante otimista quanto à democratização e quanto à autonomia relativa do sistema educacional no que diz respeito à demanda ou à incumbência da sociedade. Não fosse esse otimismo, bastaria interrogar os porta-vozes autorizados de cada campo sobre suas expectativas em relação à escola e fazer a síntese dessas expectativas para definir os programas escolares. Se a escola não é a soma dessas demandas, mas participa de um projeto centrado na pessoa e na cidadania, a reflexão sobre competências e uma autonomia *transversais* tem um certo sentido.

A prática reflexiva é, portanto, um meio de conquistá-las, de conservá-las, de desenvolvê-las, independentemente dos programas de socialização e de formação próprios a cada campo ou organização e, às vezes, contra eles. Uma postura e uma conduta reflexivas permitem ao ator aprender com a experiência e refletir por si mesmo, sem ser prisioneiro do pensamento único ou das expectativas de seu meio. É uma atitude e uma "metacompetência" das quais dependem todas as outras (Perrenoud, 2001a).

Dois princípios básicos

Vamos destacar dois princípios básicos de uma formação para a autonomia desde o ensino obrigatório:

1. Assim como se aprende a andar andando, aprende-se a construir sua autonomia exercendo-a. Em vez de organizar trabalhos práticos de 14 a 16 horas na sexta-feira, seria melhor, evidentemente, que o conjunto da situação de formação (escolarização, educação de adultos e mesmo trabalho) constituísse um *currículo* formador das competências ligadas à autonomia.
2. Cada competência supõe um desenvolvimento global do pensamento crítico e da prática reflexiva que só pode ser exercido sobre o conjunto dos saberes e das situações de formação ou de vida.

Isso significa que levar a sério o desenvolvimento das competências evocadas supõe muito mais do que a modificação ou o enriquecimento dos programas. A evolução é solidária a uma abordagem por competências para o conjunto do currículo (Perrenoud, 1997a, 2000b) e a uma transformação bastante sensível da relação pedagógica e do funcionamento dos estabelecimentos escolares e das salas de aula no sentido da pedagogia institucional, da escola nova, dos métodos ativos, dos procedimentos de projeto, da aprendizagem sob contrato, da autogestão pedagógica.

Ingressamos aqui no campo da educação para a cidadania, mas muito além da instrução cívica. Trata-se não apenas de valores e de saberes, mas também de competências e, por conseguinte, de uma formação ao mesmo tempo teórica e prática suscetível de ser mobilizada em situações reais da vida, na escola e fora dela, desde a infância e ao longo de toda a existência.

Não se pode avançar nesse sentido sem inserir esse projeto no cerne das disciplinas. Desenvolver o pensamento crítico, o debate e a autonomia intelectual é, em princípio, a intenção de toda disciplina, seja língua materna, matemática, história, biologia, filosofia, etc. Na realidade, costuma-se deixar de lado esse objetivo em proveito da acumulação de saberes. Ele esbarra também na falta de tempo e no temor dos professores de perder o poder se abrirem o debate. Formar o espírito crítico tem sempre o risco de que este se exerça antes de tudo contra a escola. A escola não pode pretender desenvolver a autonomia, a prática reflexiva e o pensamento crítico proibindo-os no seu interior. Trata-se, portanto, de uma formação com altos riscos que não podem ser ignorados, de uma formação que implica mudanças de atitude e contratos pedagógicos e didáticos (inclusive os que se referem à avaliação), assim como remanejamentos do currículo prescrito.

7
Fundamentos da educação escolar: desafios de socialização e de formação*

De que a formação fundamental é o fundamento? Dos estudos longos? Ou da vida? Quem não desejaria responder: de ambos! Mas será que é preciso continuar fingindo que não há nenhuma contradição? Se a escolaridade básica continua preparando prioritariamente para os estudos longos, ela não pode esperar dar a todos as competências, as capacidades e os saberes a que têm direito, mesmo deixando a escola aos 15 anos.

Portanto, questionar-se sobre a formação fundamental não é apenas questionar-se sobre a modernização das disciplinas ou sobre o espaço que se deve reservar às "competências transversais". É *fazer uma escolha de sociedade*. É parar de se lamentar sobre a escalada da violência não deixando um minuto sequer para o trabalho de socialização. É parar de acreditar que a transferência de conhecimentos se faz por obra e graça do Espírito Santo, que não é preciso um trabalho específico. Nossas sociedades esperam da escola cidadãos capazes de viver em paz em suas diferenças, de construir ordens negociadas, de saber lidar com a complexidade do mundo, individualmente e coletivamente. Contudo, no dia-a-dia, ela fabrica alunos capazes de ter bons resultados nos exames de conhecimentos dos quais depende sua progressão nos cursos.

Refletir sobre a formação fundamental é *questionar as missões, as finalidades da escola*. Sem ignorar que, no fim das contas, trata-se de operar uma esco-

---
* Publicado em Gohier, Ch. et Laurin, S. (dir.). *Entre culture, compétence et contenu: la formation fondamentale, un space à redéfinir*. Montréal: Éditions Logiques, 2001, p. 55-84.

lha de sociedade, que é a verdadeira chave dos programas, mas procurando, antes de se dividir, forjar uma imagem clara e coletiva do que nos espera.

A tarefa é difícil. Os primeiros anos do século XXI certamente lembrarão o que conhecemos hoje. Mas depois... quem pode dizer?

As previsões de futurólogos foram quase sempre ridicularizadas. Subestimaram-se sistematicamente vários fatores:

- o ritmo das transformações tecnológicas e sua incidência sobre o trabalho, a vida cotidiana, os modos de pensar;
- a manutenção ou o agravamento das desigualdades e das relações de dominação internas às nações ou entre elas;
- o peso de doenças novas (por exemplo, a Aids) e de catástrofes ecológicas (por exemplo, camada de ozônio, desertificação, chuvas ácidas) sobre a vida das pessoas e sobre o meio ambiente;
- a persistência do colonialismo sob formas mais sutis, o agravamento do subdesenvolvimento e o desequilíbrio crescente das relações Norte-Sul;
- a emergência de novos pólos de desenvolvimento na Ásia e na América Latina;
- o constante ressurgimento de fundamentalismos e de nacionalismos e, por conseqüência, de guerras civis e internacionais;
- a globalização, o aumento das interdependências, o desenvolvimento de redes (Castells, 1998, 1999a e b).

Os esforços de prospectiva pecaram por falta de imaginação sociológica e tecnológica, mas, sobretudo, por uma *crença ingênua no progresso*. Hoje, os pesquisadores já não se aventuram tão facilmente a prever o futuro; eles deixam esse exercício de alto risco aos videntes e outros magos.

Entretanto, para conceber os programas escolares e o perfil dos professores de amanhã, é preciso esboçar algumas idéias sobre a evolução das sociedades e suas conseqüências para os sistemas educacionais. Os professores não são artesãos por conta própria, mas assalariados de organizações escolares que, por sua vez, estão a serviço de políticas educacionais e respondem às evoluções e aos projetos da sociedade.

Não se pode pensar o futuro da escola, portanto, sem formular hipóteses sobre a evolução dos sistemas sociais e sobre suas conseqüências para a educação. Eu me limitarei aqui a dois grandes eixos:

1. Os desafios de *socialização*, que levam a escola a reforçar o desenvolvimento da autonomia e da cidadania através do dispositivos específicos de formação, como também através do conjunto das disciplinas.

2. Os desafios de *formação*, que a incitam a dar ênfase ao desenvolvimento de competências, sem voltar as costas aos saberes, porém preocupando-se mais com sua mobilização e sua transferência.

Essas duas perspectivas não são antinômicas, ao contrário. A autonomia e a cidadania exigem competências e saberes. Inversamente, construir competências e saberes exige liberdade de pensamento, assim como participação na ação coletiva.

OS DESAFIOS DE SOCIALIZAÇÃO: PREPARAR PARA ENFRENTAR AS CONTRADIÇÕES DA VIDA COLETIVA

A escola e os professores não formam apenas espíritos, mas *identidades*, ligadas a origens, culturas, crenças e valores coletivos. Uma certa racionalização do mundo, nos anos de 1960-70, levou a crer que a escola se restringiria a instruir, deixando a educação às famílias ou a outras instâncias. A escalada da violência urbana, a dissolução do vínculo social, a proliferação dos chamados conflitos "limitados" entre nações ou dos conflitos étnicos revelam a fragilidade das democracias, os excessos do individualismo, a falta de solidariedade entre continentes.

Aqueles que não aceitam essa situação do planeta incitam a escola e os professores a afirmarem *abertamente* uma adesão a um projeto de sociedade e a valores sólidos, a serem os fiadores de uma sociedade igualitária e democrática à altura do século XXI.

Os desafios de socialização

Talvez tenhamos aprendido agora: a história apenas desloca as contradições inerentes às sociedades complexas. Enumerarei algumas, que vivenciamos permanentemente, sem pretender esgotar os problemas contemporâneos. Vivemos e viveremos grandes contradições entre:

- cidadania planetária e identidade local;
- globalização econômica e fechamento político;
- liberdades e desigualdades;
- tecnologia e humanismo;
- racionalidade e fanatismo;
- individualismo e cultura de massa;
- democracia e totalitarismo.

Não se pode pretender superar essas contradições pelo pensamento positivo e pela crença no progresso e na razão. Na impossibilidade de desenvolvê-las aqui, vamos arriscar algumas palavras a propósito de cada uma para evitar mal-entendidos grosseiros.

Cidadania planetária e identidade local

Pertencemos ao planeta, mas, contrariamente às esperanças ingênuas, os particularismos reforçam-se, o racismo não se desarma, as guerras religiosas ressurgem. Os jovens terão de desenvolver uma *dupla cidadania*: aprender a se conceber e a agir como cidadãos da Terra, sem deixar de pertencer a comunidades mais restritas, tendo consciência das múltiplas interdependências entre o local e o global.

Globalização econômica e fechamento político

A economia despreza as fronteiras, uma parte das decisões que mudam a vida das pessoas é tomada muito longe delas, fora de qualquer controle político. Isso alimenta a tentação do fechamento, do retorno a fronteiras bem-demarcadas e à auto-suficiência. Os movimentos de secessão ou de independência política agitam todos os continentes justamente quando as barreiras alfandegárias são derrubadas. Se a educação não dá *chaves* para compreender e controlar coletivamente a globalização, ela deixa o campo aberto ao cinismo dos poderosos e ao medo dos outros.

Liberdades e desigualdades

As pessoas jamais tiveram tantos direitos quanto nos países desenvolvidos e nas democracias. Concomitantemente, o individualismo triunfa, as solidariedades desfazem-se e os mecanismos do mercado aprofundam as desigualdades, favorecendo a emergência de sociedades duais, sejam elas globalmente ricas ou pobres. Entre as sociedades, as defasagens também aumentam, as relações Norte-Sul são cada vez menos assimétricas.

A experiência das últimas décadas deixa dúvidas quanto à existência de regulações espontâneas. As classes dominantes dominam o jogo econômico. O controle das desigualdades passa por escolhas culturais, políticas e éticas que a escola não pode fazer no lugar dos atores, mas que pode tornar possíveis. Primeiro, ajudando-os a tomar consciência da realidade, da amplitude e dos mecanismos de perpetuação das desigualdades; em seguida, orientando-os a refletir sobre a eqüidade e o bem público, na escala das sociedades nacionais e, sobretudo, do planeta.

Tecnologia e humanismo

As novas tecnologias da informação mudam nossas formas de viver, de trabalhar e de pensar. Libertam-nos de tarefas mais penosas ou fastidiosas, mas com o risco de nos transformar em usuários permanentes da informática e mesmo em auxiliares dóceis de sistemas informáticos concebidos por poucos. As ferramentas e as redes informáticas, a multimídia, a realidade virtual, assim como a engenharia genética, em um outro registro, já provocam ou provocarão, mais cedo ou mais tarde, revoltas saudosistas em nome do humanismo, com a tentação de um retorno ao bom caminho e às tradições.

O papel da educação escolar poderia ser o de evitar esses movimentos pendulares entre adoração e rejeição, não apenas iniciando nas tecnologias, mas também oferecendo os meios de analisar as questões em jogo.

Racionalidade e fanatismo

O desenvolvimento explosivo das ciências e das técnicas levou a que se acreditasse, até os anos 1960, em uma forte racionalização da cultura: a idéia é que a vida coletiva tinha de ser organizada por objetivos, programas, projetos de desenvolvimento, planejamento e avaliação, levando em conta necessidades, limitações, possibilidades. Porém, esse mundo "racional":

- produz mais do que nunca fundamentalismos, genocídios, limpezas étnicas, terrorismos e violências de todo tipo;
- faz das drogas leves e pesadas objeto de um comércio tão ilegal quanto próspero;
- encoraja o desenvolvimento de práticas ocultas, o florescimento de seitas e diversas formas de retorno ao irracional.

A educação escolar não tem qualquer vocação para negar as dimensões espirituais e metafísicas da existência e nem mesmo para negar a religiosidade por um excesso de racionalismo materialista e de laicismo militante. Talvez a razão consista em reconhecer a *necessidade de transcendência* dos seres humanos, resguardando-os de se lançarem nas crenças mais obscurantistas ou fanáticas.

Individualismo e cultura de massa

Jamais na história atribuiu-se tanto valor ao indivíduo, à sua vida, à sua integridade física e mental, à sua saúde, à sua educação, à sua autonomia, ao seu "projeto pessoal". Ora, essa escalada do individualismo coincide com uma padronização sem precedentes de produtos industriais e de gêneros "naturais" propostos pelo setor agroalimentar. Agora, as mídias e a publicidade normalizam os desejos, os gostos e os modos de vida em escala planetária. A instalação de um *fast-food* e o desenvolvimento da publicidade televisiva são os primeiros sinais de abertura de um país à economia de mercado. "*Porque eu mereço isso*", declina-se em todas as línguas...

O que a escola pode fazer? No mínimo, proporcionar um conhecimento dos mecanismos da propaganda e da publicidade e desenvolver um espírito crítico em face das mídias.

Democracia e totalitarismo

A forma democrática permanece extremamente vulnerável, todos os países continuam ameaçados de cair novamente na barbárie, se é que um dia saíram dela, restituindo o poder à polícia política e aos torturadores, permitindo o ressurgimento dos campos, dos *pogroms**, dos guetos, das violências contra as minorias ou contra os intelectuais, ou, ainda, levando ao retrocesso dos direitos humanos, do estatuto dos imigrantes ou da igualdade entre os sexos. Os fascismos e outras formas de totalitarismo persistem no mundo, os movimentos neonazistas prosperam, nenhum país está livre de um retorno aos momentos mais sombrios da história, como demonstraram os fatos ocorridos na ex-Iugoslávia.

Uma cultura histórica básica nos pouparia de ouvir adolescentes de hoje dizendo "*Não sei quem é Hitler*" e, ao mesmo tempo, adquirindo cruzes suásticas e insígnias da SS...

Uma escola que desenvolve a autonomia e a cidadania

Diante de tudo isso, o que podem fazer os sistemas educacionais e os professores? Algumas sugestões apresentadas anteriormente não substituem programas e todas pressupõem vontade política para refrear estes ou aqueles males que nos ameaçam.

O sistema educacional, porém, não está fora da sociedade e compartilha suas contradições e seus sobressaltos. Não podemos conferir-lhe virtudes superiores às do sistema político e econômico do qual faz parte. Nos regimes totalitários, a escola foi instrumento da propaganda do Estado. Portanto, não se pode esperar que ela modernize ou democratize a sociedade contra a vontade desta.

---

*N. de R.T. Movimentos radicais de intolerância a grupos étnicos e religiosos surgidos na Espanha no século XIV. As perseguições foram inicialmente contra os semitas e, posteriormente, contra os muçulmanos. Tais movimentos reapareceram, nos séculos XIX e XX, na Rússia e Alemanha.

Evidentemente, em uma sociedade pluralista, a ligação entre a política e a escola não é tão forte, o sistema educacional não pertence aos partidos no poder e supostamente está a serviço do bem público e da sociedade civil em todos os seus componentes. Em geral, situa-se a escola do lado do humanismo e do pensamento positivo e costuma-se atribuir-lhe a missão, senão os meios, de *preparar um futuro melhor*. Embora ela ainda não tenha assumido essa missão, considera-a prioritária e sabe como cumpri-la.

Se é preciso escolher entre a escola e a guerra civil, como escrevem Meirieu e Guiraud (1997), já é tempo de fazer essa escolha claramente e de tirar conseqüências disso em termos de prioridade. Não basta discorrer sobre a cidadania e o direito à diferença; é preciso modificar o currículo normal e as grades horárias e, portanto, aceitar também abrir mão de algumas coisas, pois desenvolver a tolerância, a autonomia e a solidariedade exige tempo, não em detrimento do saber, mas sim do *enciclopedismo*. Não se pode continuar lamentando uma crise da educação sem nada mudar nos programas e nas rotinas escolares. De que tipo de professor necessita uma escola que desenvolve a autonomia e a cidadania? Com toda certeza, de professores que trabalhem em equipe e que vivam entre adultos uma cidadania profissional. Mas isso não basta. A escola deveria privilegiar e possibilitar figuras de professores como pessoas confiáveis, mediadores interculturais, coordenadores de uma comunidade educacional, fiadores da Lei, organizadores de uma pequena democracia, condutores culturais e intelectuais.

Os professores como pessoas confiáveis

Os alunos não precisam de guias espirituais, nem de catequizadores. Eles se constroem encontrando pessoas *confiáveis*, que não se limitam a dar aulas, mas que se apresentam como seres humanos complexos e como atores sociais que encarnam interesses, paixões, dúvidas, falhas, contradições, defeitos e virtudes, engajamentos, atores que se debatem, como todo mundo, com o sentido da vida e com as vicissitudes da condição humana.

Isso não é tão evidente, como mostra com humor Bill Waterson. O caso descrito passa-se durante as férias:

- A mãe de Calvin: *"Encontrei sua professora fazendo compras. Ela mandou recomendações a você."*
- Calvin estupefato: *"Você viu minha professora??? Ela estava fazendo compras???"*
- A mãe de Calvin: *"Por que a surpresa? Ela precisa comer!"*
- Calvin, perturbado: *"Então... Eu achava que os professores ficavam dormindo em um esquife durante o verão."*

Muitos alunos têm uma experiência parecida: para eles, o professor é alguém que entra na sala de aula, pede silêncio, explica alguma coisa, faz perguntas, corrige exercícios e vai embora, sem que a conversa jamais se afaste do tema.

Os professores como mediadores interculturais

Na escola, encontram-se alunos muito diferentes, que trazem consigo seus valores e seus preconceitos. Eles veiculam o racismo, o sexismo, o nacionalismo, a intolerância religiosa ou política que adquiriram entre os colegas mais velhos ou os adultos. Os professores têm de saber instaurar o *diálogo* e o *respeito mútuo*, não fazendo belos discursos, mas na prática, na esperança de que essa coexistência e essa compreensão do outro, se estiverem presentes durante todo o percurso escolar, serão progressivamente interiorizadas e aplicadas em outras esferas da vida.

Os professores como coordenadores de uma comunidade educacional

Uma turma, que funciona durante todo um ano letivo ou mais, não é apenas uma reunião de indivíduos. Entretanto, apenas os professores podem transformá-la em uma verdadeira *comunidade educativa*, capaz de enfrentar seus problemas, incluídos os problemas de aprendizagem, de maneira *solidária*. Isso pode começar de modo muito simples: basta, por exemplo, que os professores autorizem e predisponham os alunos a interpelar o grupo quando tiverem uma dúvida ou se depararem com algum obstáculo. Inversamente, todos serão encorajados a ajudar os outros quando forem solicitados ou quando acharem que podem ser úteis. Do "cada um por si", passa-se à cooperação e até mesmo à competência coletiva. Tal experiência, repetida ao longo de toda a escolaridade, é um estímulo para acabar com a competição e o receio de compartilhar informações e idéias.

Os professores como fiadores da Lei

Ninguém pode construir-se sem referências. Muitas vezes, os professores são os únicos que podem oferecê-las. Eles podem e devem encarnar a Lei, o princípio da não-violência, o respeito a todas as opiniões, a não-ingerência na esfera da autonomia de cada um, a fidelidade às decisões tomadas, a necessidade de definir regras e procedimentos pactuados e transparentes.

É graças a essa autoridade que a escola pode funcionar como um espaço protegido. É importante também que os alunos tenham a experiência de uma comunidade em que a convivência torna-se possível mediante a aplicação de regras claras.

> IMBECIL!
> IDIOTA!
> CRETINO!
>
> Você nem sabe escrever a palavra TOLERÂNCIA!

Os professores como organizadores de uma vida democrática

Professores e alunos não são iguais na ordem do saber. Essa relação assimétrica não justifica nem dominação, nem humilhação, nem desprezo, nem exercício arbitrário de uma autoridade. O papel dos professores, para ajudar a aprender, é *negociar* tudo o que pode ser negociado sem comprometer seus próprios direitos e sua missão. A escola não pode funcionar como uma comunidade política em sentido pleno, pois ela não edita suas próprias leis, não dispõe de recursos próprios e é incumbida de finalidades decididas fora dela. Contudo, ela pode desenvolver uma "cultura cidadã", gerindo de forma transparente e democrática sua margem de autonomia.

Os professores como condutores culturais

A identidade inscreve-se necessariamente em uma história e em uma cultura. A escola não é um conservatório, nem um local de pura transmissão da cultura, cabendo a ela organizar o diálogo entre a herança e os problemas do tempo presente. Nenhum professor consegue saber tudo, ler tudo, interessar-se por tudo. Em vez de uma erudição exaustiva, deve-se esperar dele a paixão de comunicar certos aspectos da história, das ciências, das artes e artesanatos, dos esportes, dos ofícios, de maneiras de viver que constituem a cultura de sua sociedade. Como *condutores culturais* (Zakhartchouk, 1998), os professores mantêm uma relação específica com a cultura, que não é nem de meros consumidores, nem de verdadeiros criadores, mas de mediadores, iniciadores, amadores atentos e desejosos de partilhar suas descobertas.

Os professores como intelectuais

Não há cidadania sem pensamento autônomo e crítico. Se os professores não concebem a si mesmos como *intelectuais*, como podem favorecer uma relação autônoma e crítica com o saber, com os valores, com a cultura, com a realidade? A *cultura do debate* é o princípio da razão (Perrenoud, 2000c).

Isso não exige um engajamento político em particular, mas um envolvimento com o mundo, que pode ocorrer através da vida associativa, do movimento humanitário ou ecológico, da vida no bairro ou da gestão de coletividades locais, como também da área da educação e da cultura. Hoje, essas diversas formas de engajamento já não constituem uma característica comum dos professores. Eles não são mais pessoas notáveis da cidade e, por isso, seu engajamento já não pode ser compensado por um reconhecimento simbólico da comunidade local. É, então, importante substituí-lo por outras satisfações profissionais e pessoais.

OS DESAFIOS DE FORMAÇÃO: PREPARAR PARA ENFRENTAR A COMPLEXIDADE DO MUNDO

Valores sólidos já não são suficientes em um mundo mutável e complexo. É preciso compreender para agir. A insistência com que se volta a valorizar a socialização não deveria fazer com que os desafios do saber retrocedessem. É preciso, ao invés disso, vinculá-los mais às práticas sociais e preocupar-se com sua mobilização em inúmeras situações da existência, das mais metafísicas às mais utilitárias, no mundo do trabalho ou em qualquer outra parte.

Todos os sistemas educacionais caminham nesse sentido. Sem desprezar os saberes disciplinares, pretendem que eles sejam mais operacionais na vida cotidiana (familiar associativa, etc.), na comunidade e no trabalho. Trata-se de *colocá-los a serviço das competências ligadas às práticas sociais*.

As competências são meios de controlar, simbólica e praticamente, as situações da vida; portanto, não há nenhum conflito entre elas e o desenvolvimento da autonomia e da cidadania. Ao contrário, elas são seus fundamentos. Inversamente, a aprendizagem da autonomia e da cooperação autoriza o sujeito a se considerar como um *ator*, ou mesmo um *autor*, e a se engajar assim em projetos que requerem diversas competências e, em contrapartida, estimulam seu desenvolvimento.

Se essa orientação não for apenas fogo de palha, ela terá conseqüências importantes nos programas e na formação dos professores.

Competências que preparam para práticas sociais

Contrariamente a um preconceito muito difundido, uma competência pode ser exercida tanto na ordem metafísica quanto na prática: um problema não é *ipso facto* rasteiro. Do mesmo modo, uma competência exige saberes, sem se reduzir a eles. Finalmente, as competências que é preciso desenvolver durante a formação fundamental não estão *ipso facto* calcadas nas necessidades das empresas, ainda que a noção de competência esteja em voga atualmente no mundo do trabalho.

Mobilizar saberes para enfrentar situações complexas

Concreta ou abstrata, comum ou especializada, de fácil ou difícil acesso, *uma competência permite enfrentar regular e adequadamente um grupo de tarefas e de situações*, recorrendo a noções, conhecimentos, informações, procedimentos, métodos, técnicas. Le Boterf (1994, p. 16) define a competência como um *"saber-mobilizar"*:

> Possuir conhecimentos ou capacidades não significa ser competente. Pode-se conhecer técnicas ou regras de gestão e não saber aplicá-las no momento oportuno. Pode-se conhecer direito comercial e ter dificuldade de redigir contratos.
> A cada dia, a experiência mostra que pessoas que têm conhecimentos ou capacidades não conseguem mobilizá-las de forma pertinente e no momento oportuno em uma situação de trabalho. A aplicação do que se sabe em um contexto singular (marcado por relações de trabalho, uma cultura institucional, incertezas, limitações de tempo, de recursos...) é reveladora da "passagem" à competência. Esta se realiza na ação.

Se a competência só pode ser apropriada na ação, ela preexiste e ao mesmo tempo exige recursos e meios de mobilizá-los:

- se não há recursos a mobilizar, não há competências;
- se há recursos, mas eles não são mobilizáveis a tempo e de modo perspicaz, é como se não existissem.

O modo como se opera essa mobilização ainda é um enigma: será que o saber-mobilizar é uma competência suplementar? Uma metacompetência? Um conjunto de esquemas específicos? Uma *expertise* singular? A manifestação da inteligência geral do sujeito?

Esse enigma está freqüentemente associado a uma metáfora, a da *transferência de conhecimentos*. Talvez esta não seja a mais fecunda (Perrenoud, 2000a), mas é uma linguagem familiar. Em geral, fala-se em transferência para lamentar que ela não funciona bem: tal estudante, que dominava uma teoria no exame, é incapaz de utilizá-la na prática. Por quê? Porque ele nunca foi treinado para isso. Sabemos de uma coisa hoje: a transferência de conhecimentos não é automática, e sim adquirida pelo exercício e por uma prática reflexiva, em situações que oferecem a oportunidade de contextualizar e de recontextualizar os saberes adquiridos, de mobilizá-los para agir, de transpô-los, combiná-los, inverter uma estratégia original a partir de recursos que não a contêm e não a determinam.

A mobilização, que inclui a transferência, é treinada em situações *complexas*, que obrigam a colocar o problema antes de resolvê-lo, a circunscrever os conhecimentos pertinentes, a reorganizá-los em função da situação, a extrapolá-los ou preencher os vazios. Entre conhecer a noção de juro e compreender a evolução da taxa hipotecária, há uma grande distância. Os exercícios escolares clássicos permitem a consolidação da noção e dos algoritmos de cálculo. Eles não trabalham a transferência. Para avançar nesse sentido, seria preciso colocar-se em situações complexas: obrigações, hipotecas, crédito pessoal, *leasing*. Não basta colocar essas palavras nos dados de um problema de matemática para que as noções sejam compreendidas e, menos ainda, para que se exerça a mobilização dos conhecimentos. Entre saber o que é um vírus e proteger-se adequadamente das doenças virais, a distância não é menor, do mesmo modo que entre conhecer as leis da física e construir uma jangada, pôr em movimento um modelo reduzido, isolar uma casa ou instalar corretamente um interruptor.

A transferência também falha quando se trata de enfrentar situações em que é preciso compreender o que está em jogo em uma votação (por exemplo, sobre a engenharia genética, a questão nuclear, o *déficit* orçamentário ou as normas sobre a poluição) ou em uma decisão financeira ou jurídica (por exemplo, em matéria de naturalização, regime matrimonial, controle fiscal, poupança, herança, aumento de aluguel, aquisição de propriedade, etc.).

Às vezes, faltam conhecimentos de base, particularmente no campo do direito e da economia. É que geralmente as noções foram estudadas na escola, mas desligadas de qualquer contexto. Assim, permanecem "letra morta", como capitais que ficam imobilizados por falta de tino para investi-los. É por essa razão – e não por se negar os saberes – que é importante desenvolver competências na escola, ou seja, sempre vincular os saberes e sua aplicação em situações complexas. Isso vale tanto para as disciplinas internamente quanto para a intersecção de disciplinas. Amplia-se a antiga problemática da transferência de conhecimentos ao se insistir em sua integração (Roegiers, 2000), em sua orquestração e em seu uso em situações complexas (Perrenoud, 1997b; 2000a e b). Isso não acontece sem acaloradas discussões e mal-entendidos.

As competências não desprezam os saberes

Os céticos opõem uma objeção clássica aos que defendem que a escola deve desenvolver competências: será que isso não se fará em detrimento dos saberes? Será que estes não serão reduzidos ao mínimo, quando a missão da escola é antes de tudo instruir, transmitir conhecimentos?

De fato, a maior parte das competências é fundamentada em saberes, tanto teóricos quando especializados, profissionais ou práticos, ou ainda saberes da experiência, privados e pouco codificados. Assim, toda oposição de princípio entre saberes e competências é injustificada, porque a maior parte das competências mobiliza certos saberes. Desenvolver saberes, portanto, não conduz de modo algum a "desprezar os saberes", bem ao contrário (Perrenoud, 1999b e c).

Em compensação, é verdade que:

- os saberes, por si mesmos, são apenas condições necessárias da competência; porém, é preciso ainda ser capaz de *mobilizá-los com discernimento* e a tempo de resolver problemas ou de tomar decisões pertinentes;
- essa mobilização não ocorre fatalmente, mas exige um tempo de treinamento em situação complexa;
- não é possível, portanto, desenvolver competências na escola sem limitar o tempo dedicado à pura assimilação de saberes;
- a preocupação de desenvolver competências leva também a um questionamento de sua organização em disciplinas compartimentadas.

O verdadeiro debate deveria centrar-se nas finalidades prioritárias da escola e no equilíbrio que se deve estabelecer, no momento de redigir e implantar os programas, entre a acumulação de saberes e o exercício de sua aplicação.

Competências e utilitarismo: um falso debate

Para alguns, a noção de competência remete a práticas do cotidiano, as quais mobilizam apenas saberes do senso comum, saberes da experiência. A partir disso, concluem que desenvolver competências na escola prejudicaria a aquisição dos saberes disciplinares que somente ela tem vocação para transmitir de maneira metódica.

Tal caricatura da noção de competência permite ironizar sem muito esforço, dizendo que não se vai à escola para aprender a passar um pequeno aviso, escolher um roteiro de férias, diagnosticar uma rubéola, preencher a declaração de impostos, entender um contrato, redigir uma carta, fazer palavras cruzadas ou calcular um orçamento familiar; ou ainda para obter informações por telefone, descobrir um caminho em uma cidade, pintar a cozinha, consertar uma bicicleta ou conseguir utilizar com desembaraço uma moeda estrangeira.

Seria possível objetar que, no caso, trata-se de "habilidades" triviais, que devem ser distinguidas de verdadeiras competências. Essa não seria uma argumentação muito sólida: não se pode reservar as habilidades ao cotidiano e as competências às tarefas nobres. Aliás, as competências requeridas para se desempenhar na vida cotidiana não são desprezíveis. Os adultos, mesmo aqueles que concluíram a escolaridade básica, geralmente se mostram bastante despreparados diante das tecnologias e das regras de que depende sua vida cotidiana. Sem limitar o papel da escola a atividades tão elementares, pode-se perguntar: de que adianta escolarizar uma pessoa durante 10 a 15 anos de sua vida se ela continua despreparada para lidar com um contrato de seguros ou com uma bula de remédio?

Além disso, as competências evocadas não deixam de ter relação com os programas escolares e os saberes disciplinares; elas exigem noções e conhecimentos de matemática, de geografia, de biologia, de física, de economia, de psicologia; supõem um domínio da língua e das operações matemáticas básicas; recorrem a uma cultura geral que também se adquire na escola. Mesmo quando a escolaridade não é organizada para desenvolver essas competências, ela permite ao menos que se aproprie de certos conhecimentos necessários. Uma parte das competências que se desenvolvem fora da escola requerem saberes escolares básicos (a noção de mapa, de moeda, de ângulo reto, de juro, de jornal, de itinerário, etc.) e habilidades fundamentais (ler, escrever, contar). Entre os programas escolares e as competências mais utilizadas, *não há contradição fatal*.

Finalmente, e acima de tudo, estas últimas não esgotam a gama de competências humanas; a noção de competência remete a situações nas quais é preciso tomar decisões e resolver problemas. Por que se limitariam as decisões e os problemas, seja à esfera profissional, seja à vida cotidiana? São necessárias competências para escolher a melhor tradução de um texto latino, levantar e resolver um problema com a ajuda de equações com várias incógnitas, verificar o princípio de Arquimedes, cultivar uma bactéria, identificar as premissas de uma evolução ou calcular a data do próximo eclipse do sol.

Rever a transposição didática

Se consideramos que a formação de competências não é tão evidente e que ela emana em parte da escolaridade básica, resta decidir quais delas deveriam ser desenvolvidas prioritariamente. Ninguém pretende que todo saber seja aprendido na escola. Vários saberes humanos são adquiridos por outras vias. Por que seria diferente com as competências? Dizer que compete à escola desenvolver competências não significa conceder-lhe o monopólio.

Quais devem ser privilegiadas? Aquelas que mais mobilizam os saberes escolares e disciplinares tradicionais, dirão imediatamente aqueles que desejam que nada mude, salvo as aparências. Em alguns países, limitou-se a reformular os programas tradicionais introduzindo um verbo de ação diante dos conhecimentos disciplinares. Onde antes se dizia "ensinar o teorema de Pitágoras", diz-se agora "utilizar o teorema de Pitágoras para resolver problemas de geometria". Para ir além dessa embromação, é indispensável explorar as relações entre competências e programas escolares atuais.

Para elaborar uma "plataforma de competências", não basta nomear uma comissão de redação. A descrição das competências a serem construídas deve partir da análise de situações e de práticas das quais se possam extrair conhecimentos. Avança-se muito rápido em todos os países, lança-se à redação de programas sem perder tempo para *observar as práticas sociais*, para identificar as situações com as quais as pessoas *comuns* são e serão verdadeiramente confrontadas. O que se sabe de fato sobre as competências de que necessitam no dia-a-dia os desempregados, os imigrantes, os deficientes, as mães solteiras, os jovens dos subúrbios?

Se o sistema educacional não dedica tempo a reconstruir a transposição didática, ele não questionará as finalidades da escola, limitando-se a ministrar antigos conteúdos em um novo continente.

Na formação profissional, estabelece-se um referencial de ofício analisando-se as situações de trabalho, depois se elabora um referencial de competências, que fixa os objetivos da formação. Nada disso se faz para a formação geral.

É por esse motivo que, por trás da fachada de competências, enfatizam-se as capacidades fora de contexto. Resultado: salvaguarda-se o essencial dos saberes necessários aos estudos longos, os *lobbies* disciplinares são satisfeitos.

Rever as razões de fazer saber

Toda escolha coerente tem seu reverso: o desenvolvimento de competências na escola implica um enxugamento dos programas teóricos, com o objetivo de liberar o tempo exigido para exercer a transferência e para treinar a mobilização dos saberes. É preciso inquirir sem complacência as "razões de saber e de fazer saber" (Perrenoud, 1999b).

Ora, isso não é tão simples assim. A escolaridade funciona atualmente com base em uma espécie de "divisão do trabalho": cabe à escola fornecer os recursos (saberes e habilidades básicos), à vida ou aos cursos de formação profissional, para desenvolver as competências. A escola sempre desejou que as aprendizagens que se fazem ali sejam úteis, mas geralmente acaba perdendo de vista essa ambição global, deixando-se levar pela lógica do acúmulo de saberes, na hipótese otimista de que eles servirão para alguma coisa. Desenvolver competências na escola não é uma nova moda, e sim um retorno às fontes, às razões de ser da instituição escolar.

Será que é realmente preciso que na escola obrigatória se aprenda o máximo de matemática, de física, de biologia para que os programas pós-obrigatórios possam avançar ainda mais? Enxugar os programas e trabalhar um número mais reduzido de noções disciplinares para treinar sua aplicação não prejudicaria aqueles que farão estudos especializados nos âmbitos correspondentes e daria mais oportunidades a todos os outros. Não apenas àqueles que deixarão a escola aos 15 anos, cujo número está diminuindo nas sociedades desenvolvidas, mas também àqueles que têm um doutorado em história e não compreendem nada da questão nuclear, enquanto os engenheiros de mesmo nível mostram-se bastante perplexos diante das evoluções culturais e políticas do planeta.

A questão é tão velha quanto a escola: para quem são feitos os programas? Como sempre, os favorecidos desejam ser cada vez mais predestinados aos estudos longos e ainda proporcionar aos seus filhos melhores chances na seleção. Infelizmente, isso se fará em detrimento daqueles para os quais a escola não desempenha atualmente seu papel essencial: proporcionar os instrumentos para controlar sua vida e compreender o mundo.

Com certeza, alguns saberes disciplinares ensinados na escola fora de qualquer contexto de ação acabarão sendo mobilizados por competências. Ou, mais exatamente, servirão de base para aprofundamentos voltados a certas formações profissionais. O piloto estenderá seus conhecimentos geográficos e tecnológicos, a enfermeira seus conhecimentos biológicos, o técnico seus conhecimentos físicos, a laboratorista seus conhecimentos químicos, o guia seus conhecimentos históricos, o administrador seus conhecimentos comerciais, etc. Do mesmo modo, professores e pesquisadores desenvolverão conhecimentos na disciplina que escolheram ensinar ou aprofundar. As línguas e a matemática serão úteis para diversos ofícios. Pode-se dizer, esntão, que as competências são um horizonte, principalmente para aqueles que se orientarão para ofícios científicos e técnicos, que utilizarão as línguas em sua profissão ou que farão pesquisa.

Muito bem. Mas, fora esses usos profissionais limitados a uma ou duas disciplinas básicas, a matemática ou as línguas, a quem servirão os outros conhecimentos acumulados durante a escolaridade, se eles não foram aprendidos para ajudar a resolver problemas?

Pode-se responder que a escola é um lugar onde *todos* acumulam os conhecimentos de que *alguns* necessitarão mais tarde, em função de sua *orientação*. Para justificar isso, se evocará a cultura geral da qual ninguém deve ser excluído e a necessidade de possibilitar a todos a oportunidade de se tornarem engenheiros, médicos ou historiadores. Em nome dessa "abertura", condena-se a maioria a adquirir a perder de vista saberes "para nunca mais".

Isso não seria tão dramático por si mesmo, embora essa acumulação custe anos de vida passados nos bancos de uma escola. O problema é que, assimilando tantos saberes de forma intensiva, alguns alunos não têm tempo para aprender a utilizá-los, caso venham a ter *necessidade* deles mais tarde, na vida cotidiana, familiar, associativa, profissional, política. Assim, quem estudou biologia na escola obrigatória estará exposto à transmissão da AIDS. Quem estudou física somente na escola nunca vai entender nada das tecnologias à sua volta. Quem estudou geografia continuará tendo dificuldade para ler um mapa ou para localizar o Afeganistão. Quem aprendeu geometria nem por isso saberá desenhar um plano na escala. Quem passou horas aprendendo línguas continuará sendo incapaz de indicar um caminho a um turista estrangeiro.

A acumulação de saberes descontextualizados só tem utilidade para aqueles que terão *o privilégio de aprofundá-los*, durante os estudos longos ou em uma formação profissional, de contextualizar alguns deles e de treiná-los para que os ajudem a resolver problemas e tomar decisões. É esse privilégio que a abordagem por competências põe em questão, em nome dos interesses da maioria.

Transformar a relação com o saber e as práticas pedagógicas

A abordagem por competências esbarra na relação com o saber de uma parte dos professores. Ela exige também uma evolução sensível das pedagogias e dos modos de avaliação. Construir competências desde o início da escolaridade – desde que se superem os mal-entendidos e os julgamentos mordazes – não afasta das finalidades fundamentais da escola, ao contrário. Em compensação, esta passa por uma mudança importante de seu funcionamento.

Nesse contexto, uma atenção prioritária será dada àqueles que não aprendem sozinhos! Os jovens que têm êxito nos estudos longos acumulam saberes *e* constroem competências simultaneamente. Não é para estes que é preciso mudar a escola, mas para os que ainda hoje saem desprovidos das competências indispensáveis para viver na sociedade do século XXI.

A trilogia do saber-fazer – ler, escrever, contar – que fundamentou a escolaridade obrigatória no século XX não está mais à altura das exigências de nossa época. A abordagem por competências busca simplesmente atualizá-la.

Um professor construtivista

A abordagem por competências muda o ofício do aluno e, mais ainda, o ofício do professor, pois ela incita a considerar os saberes como recursos a serem mobilizados; a trabalhar regularmente por problemas; a criar ou utilizar outros meios de ensino; a negociar e desenvolver projetos com seus alunos; a adotar um planejamento flexível e indicativo; a improvisar; a estabelecer e explicitar um novo contrato didático; a praticar uma avaliação formadora, em situação de trabalho; a caminhar no sentido de uma menor compartimentalização disciplinar (Perrenoud, 1997a).

Podemos também, a propósito do ensino do futuro, retomar os 10 grupos de competências profissionais enumeradas e comentadas em outra obra: 1) organizar e coordenar situações de aprendizagem; 2) gerir a progressão das aprendizagens; 3) conceber e favorecer a evolução de dispositivos de diferenciação; 4) envolver os alunos em sua aprendizagem e em seu trabalho; 5) trabalhar em equipe; 6) participar da gestão da escola; 7) informar e envolver os pais; 8) utilizar novas tecnologias; 9) enfrentar os deveres e os dilemas éticos de cada profissão; 10) gerir sua própria formação contínua (Perrenoud, 1999a).

Sem retomar aqui esses inventários mais metódicos, vou ater-me a alguns aspectos essenciais: uma escola que pretende preparar os jovens para enfrentar a complexidade do mundo por meio de suas competências será levada a privilegiar a figura de professores como artesãos de uma pedagogia construtivista, fiadores do sentido dos saberes, organizadores de situações de aprendizagem, chefes de projetos, especialistas em avaliação formadora, gestores da heterogeneidade e reguladores de percursos de formação.

Os professores como artesãos de uma pedagogia construtivista

Quem aprende é o aluno, os professores só podem ajudá-lo. E o ajudarão tanto melhor na medida em que considerarem a aquisição de saberes novos não como uma simples memorização, mas como uma *construção mental complexa*. Essas idéias são tão antigas quanto as "pedagogias novas", mas hoje elas se traduzem em procedimentos construtivistas cada vez mais precisos (Bassis, 1998; De Vecchi e Carmona-Magnaldi, 1996; Groupe Français d'Éducation Nouvelle, 1996; Jonnaert e Vander Borght, 1999; Velas, 1996, 1999, 2002).

Os professores como fiadores do sentido dos saberes

Lembrarei aqui esta outra vinheta de Bill Waterson. A situação ocorre na sala de aula:

- A professora: *"Se vocês não têm mais perguntas, vamos continuar."*
- Calvin, levantando a mão: *"Eu tenho uma pergunta."*
- A professora: *"Sim, Calvin, estou ouvindo..."*
- Calvin (muito sério): *"Para que serve a existência humana?"*
- A professora: *"Eu queria dizer uma pergunta relacionada com o tema."*
- Calvin, surpreso: *"Oh!"*

Em seguida, despeitado, ele diz a si mesmo: *"Francamente, eu preferia ter a resposta, em vez de desperdiçar mais energia nessas ninharias"*.

Enquanto os professores recusarem as perguntas fora do tema, somente os alunos que dispõem dos meios para construir um sentido por si mesmos investirão nas tarefas escolares (Perrenoud, 1994).

Os professores como organizadores de situações de aprendizagem

Se ensinar é fazer aprender, os professores têm como tarefa principal *organizar e coordenar situações de aprendizagem e atividades favoráveis às aprendizagens*, nem mais, nem menos. Eles se tornam inventores, depois coordenadores e gestores, de dispositivos e de situações de formação. Portanto, eles sabem trabalhar por situações-problema, pesquisas, estudos de caso, problemas abertos, o que exige uma formação didática bastante pontual para ser capaz de compreender os raciocínios, as estratégias, os erros dos alunos e de fazer os ajustes necessários.

Os professores como chefes de projetos

Só se aprende a mobilizar suas aquisições mobilizando-as. Não sem uma reflexão; ao contrário, deve-se prever a ação antes, como também analisá-la depois. Contudo, não se desenvolverá a transferência e a mobilização de recursos imaginando que a gestão de situações complexas é redutível à aplicação de saberes procedimentais, limitando-se, assim, a acrescentar ensinos metodológicos aos ensinos teóricos.

Desenvolver competências é criar *espaços-tempos de formação* (Perrenoud, 2002a e b) nos quais a questão não é construir novos saberes ou novas capacidades, mas aprender a utilizar essas aquisições para enfrentar situações novas, singulares, muito distantes dos exercícios escolares tradicionais.

Os procedimentos de projeto e de resolução de problemas abertos são, por isso, os mais fecundos. Nesse contexto, os professores desempenham um papel de coordenadores e de *coach*, mais que de mestres.

Os professores como especialistas em avaliação formadora

Não serão formadas competências na escolaridade básica se não forem exigidas competências no momento da certificação*. A avaliação é o verdadeiro programa. Ela indica "o que conta". Portanto, é preciso avaliar seriamente as competências.

Mas isso não pode ser feito por testes de papel e lápis. Pode-se buscar inspiração nos princípios de avaliação autêntica elaborados por Wiggins (1989). Por exemplo:

- A avaliação inclui apenas tarefas contextualizadas.
- A avaliação incide sobre problemas complexos.

---

*N. de R.T. Prestação de exames escritos e orais perante uma comissão, para a obtenção do certificado de estudos primários elementares (por volta dos 12 anos).

- A avaliação deve contribuir para que os alunos desenvolvam mais suas competências.
- A avaliação exige a utilização funcional de conhecimentos disciplinares.
- Não há uma limitação de tempo fixada arbitrariamente quando da avaliação de competências.
- A tarefa e suas exigências são conhecidas antes da situação de avaliação.
- A avaliação exige uma certa forma de colaboração com os colegas.
- A correção considera as estratégias cognitivas e metacognitivas utilizadas pelos alunos.
- A correção leva em conta apenas erros importantes na ótica da construção das competências.

A avaliação formativa torna-se o ponto central das práticas avaliativas, orientadas para a regulação contínua das aprendizagens, e não para a classificação dos alunos (Perrenoud, 1998a).

Em vez de investir em "catedrais didáticas", os professores de hoje devem construir estratégias de ensino que apostem em situações didáticas bem-pensadas, portadoras de sentido, mas sabendo que é importante, sobretudo, ajustá-las permanentemente para dar conta da realidade, do nível, das reações dos alunos, das condições de trabalho, do tempo que resta. Daí a importância de dominar um leque de conceitos e de ferramentas de avaliação formativa e de regulação.

Os professores como gestores da heterogeneidade

Os sistemas educacionais não prometem mais a homogeneidade das classes, nem mesmo no ensino médio. A disposição de não mais excluir os alunos de uma série diante de suas primeiras dificuldades de aprendizagem e de não relegá-los às fileiras menos exigentes implica, evidentemente, que se tenha de trabalhar com classes compostas de alunos diferentes quanto ao nível, aos projetos pessoais, à relação com o saber, à adesão à intenção de instruí-los.

Mesmo que seja por boas razões, ligadas à democratização lenta dos estudos, o trabalho do professor é cada vez mais difícil, principalmente para aqueles que sonhavam em ministrar magníficas aulas magistrais a alunos atentos, cooperativos e desejosos de aprender.

É por essa razão que o *tratamento das diferenças* com vistas à igualdade de aquisições deveria passar a fazer parte da própria essência do ofício de professor. A pedagogia diferenciada deveria confundir-se com a própria pedagogia, sem abrir mão dos objetivos essenciais de formação (Perrenoud, 1997b).

Os professores como reguladores de percursos de formação

As competências são constuídas com o tempo, ao ritmo de percursos inevitavelmente individualizados, com momentos de paralisia e de avanços espetaculares.

Esse trabalho de regulação realiza-se ao longo do ano escolar, mas deve acompanhar a progressão nos cursos. Em diversos sistemas, as séries anuais são substituídas por *ciclos plurianuais* com bastante naturalidade, designando-se a esses ciclos objetivos formulados em termos de competências ou, mais exatamente, de etapas importantes na construção de competências.

O funcionamento em ciclos plurianuais permite uma maior diversificação dos ritmos, dos percursos e das tarefas assumidas. Exige que os professores aprendam a pilotar percursos de formação plurianuais, geralmente em equipe, e a negociar uma organização do trabalho mais complexa (Perrenoud, 2000d, 2002a).

IMPLICAÇÕES PARA OS SISTEMAS EDUCACIONAIS

Não basta enunciar novas expectativas, cada vez mais pontuais. É preciso que as políticas e as estruturas da educação criem as condições para que elas se realizem. As novas competências esperadas dos professores exigem um forte ajuste das formações inicial e contínua e, de maneira mais geral, uma evolução do ofício do professor no sentido de:

- uma maior profissionalização, com a autonomia e a responsabilidade que a acompanham;
- uma ênfase na prática reflexiva, em vez da conformidade cega a modelos didáticos fechados;
- uma cooperação profissional que se torne a regra comum, e não a escolha militante de uma minoria;
- uma presença e um envolvimento no estabelecimento escolar como comunidade educativa e ator coletivo.

Isso supõe estabelecimentos escolares mais autônomos, que definam seu próprio projeto e que prestem contas.

Isso supõe também que a formação de professores seja orientada no mesmo sentido e que esteja de acordo com as finalidades da escola, com o currículo da formação fundamental e com as orientações para a prática reflexiva.

Conclusão

Uma educação para a complexidade e para a solidariedade como fundamento da democracia

A escola desempenhou um papel fundamental na criação dos Estados democráticos. Em todo o mundo, pode-se observar uma forte correlação entre o nível global de instrução e a forma mais ou menos democrática do sistema político. Simplesmente porque a democracia supõe uma capacidade de compreender os desafios e de exercer um julgamento autônomo, o que não ocorre sem um mínimo de escolarização. Mesmo assim, sejamos prudentes: assim como a ética das pessoas, a instrução não garante a democracia política no interior de uma sociedade; nem a liberdade, nem a igualdade, nem a fraternidade decorrem automaticamente de um nível elevado de escolarização; os países do Leste desenvolveram a escolarização paralelamente ao Gulag, a forma escolar pode ser destorcida em proveito de um pensamento único, refazendo sua ligação com o catecismo e outras formas de imposição de uma *doxa*.

O fato de que instrução deve ser apenas uma condição *necessária* da democracia não deve impedir o seu desenvolvimento, por essa razão e por muitas outras. Recordemos apenas que o prolongamento da duração dos estudos e a elevação no nível médio de instrução não são suficientes, que o domínio de saberes não assegura de antemão seu modo de emprego e que a história oferece-nos o espetáculo de saberes a serviço do bem comum tanto quanto de saberes favoráveis à dominação, à exploração e até mesmo ao extermínio de uns pelos outros.

A elevação do nível de instrução não dispensa, portanto, de uma educação *específica* para a cidadania, uma parte inserida na essência da relação com o saber e de uma cultura do debate, e outra parte deixada ao sabor da adesão progressiva aos valores e aos princípios fundadores da democracia: direitos do homem, igualdade de estatuto, independência da justiça, liberdade de expressão, respeito às diferenças, participação de todos nas decisões que lhes dizem respeito, governos eleitos e revogáveis, etc.

É preciso conceber uma educação para a cidadania adequada ao nosso mundo.

As "pessoas de boa vontade" provavelmente se aliarão a Morin (2000), a propósito dos *"sete saberes necessários à educação do futuro"*.

- saber identificar as cegueiras do conhecimento: o erro e a ilusão;
- conhecer os princípios de um conhecimento pertinente;
- compreender a condição humana;
- construir para si uma identidade terrena;
- saber enfrentar as incertezas;
- ser capaz de compreensão;
- apropriar-se da ética do gênero humano.

Visto que a sociedade planetária encontra-se em lenta e dolorosa emergência, ainda é pertinente conceber uma educação em escala de um contexto nacional, de instituições, de valores e de uma história particulares. Tudo isso combatendo o nacionalismo, o etnocentrismo, o imperialismo ou qualquer outra relação utilitarista com os outros componentes da humanidade. Tudo isso contribuindo para a construção de uma identidade continental e terrena.

Em escala planetária, assim como na escala de um continente ou de uma nação, não parece impossível formular alguns valores, algumas convicções e algumas atitudes a desenvolver em todos, a começar pelo conhecimento e pelo respeito tanto aos direitos do ser humano quanto aos fundamentos de toda democracia. Em seguida, será possível identificar os conhecimentos e as competências requeridos.

A verdadeira dificuldade é compreender por que é tão difícil, mais do que chegar a um aparente consenso sobre esses princípios, atribuir-lhes alta prioridade, tanto no currículo como na prática. Já destaquei o conflito com outras missões atribuídas à escola, particularmente a formação das elites e a acumulação de saberes disciplinares. Pode-se mencionar a vacilação de uma parte daqueles que detêm poderes e saberes em compartilhá-los. Os que têm acesso à cidadania – os nativos, os ricos, os homens, os adultos – geralmente não têm pressa de compartilhar seus privilégios, como testemunham as lutas que foram necessárias para que se reconhecesse o sufrágio universal, depois o direito de voto das mulheres e mais recentemente dos estrangeiros.

Hoje há outras lutas mais inquietantes nos países desenvolvidos que se imaginava estarem engajados na forma democrática. Esta ainda é minoritária no mundo, frágil em diversos países em desenvolvimento, mas se poderia supor que, após um ou dois séculos e alguns episódios fascistas, as aquisições democráticas dos países desenvolvidos fossem irreversíveis. Ora, o retorno com força da extrema direita em vários países europeus, agora por vias legais, mostra bem a distância que ainda existe, e que talvez esteja agravando-se, entre aquilo que professam os porta-vozes consagrados da democracia e aquilo em que acredita uma parte importante e aparentemente crescente de nossos contemporâneos.

Certamente, uma parte dos eleitores não vota em partidos adversários da democracia, não porque eles sejam fascistas ou trotskistas, mas porque se sentem excluídos do crescimento, cada vez mais pobres – em termos relativos e, às vezes, absolutos – em sociedades cada vez mais ricas, ludibriados por uma classe política que não mantém as promessas a seu respeito. Seria errado pensar que a expansão do voto "de protesto" ou a perda de confiança em toda a classe política não ameaça a democracia.

As transformações do trabalho e da produção modificaram as clivagens sociais. Em vários países, os mais desfavorecidos são os imigrantes, que nem sempre têm o direito de voto; ou são jovens sem emprego, idosos, mulheres sozinhas sem qualificação, desempregados que perderam seus direitos, pessoas "sem domicílio fixo", em suma, pessoas que não se sentem membros de uma classe social, não têm muita cultura política, não se mobilizam coletivamente, não se engajam nem nos partidos políticos, nem nos movimentos sociais. Constituem uma clientela cobiçada pelas propagandas eleitorais mais demagógicas. Quanto aos operários, quando não se "aburguesam" de verdade, aspiram a viver como as classes médias. Consomem os mesmos produtos que elas, assistem aos mesmos programas, têm as mesmas esperanças para seus filhos, seus pais idosos, sua moradia, sua saúde, suas férias.

Nenhum sociólogo pode subscrever a idéia de que as classes médias desapareceram. É certo, no entanto, que as imagens da luta de classes estão embaralhadas, que o "partido da classe operária" está em queda livre na maioria dos países desenvolvidos, que a social-democracia não é o partido dos mais desfavorecidos, em particular quando exerce o poder de forma duradoura e conduz uma política econômica realista no contexto da globalização e, portanto, decepcionante para aqueles que pensavam que, uma vez no poder, a esquerda transformaria radicalmente a sociedade.

Os desfavorecidos não acreditam mais nas promessas dos governos de centro-direita e de centro-esquerda, o comunismo perdeu toda a credibilidade desde que constatou a herança desoladora do stalinismo. Não lhes resta senão sonhar com um ditador próximo das pessoas simples, disposto a perseguir estrangeiros indesejáveis, determinado a aumentar a repressão para acabar com a insegurança, além de firme defensor da identidade nacional contra as moedas e as burocracias cosmopolitas, capaz, enfim, de restabelecer a família, a autoridade, a ordem e o pleno emprego.

Seria falacioso esperar que uma educação para a cidadania mais intensiva pudesse, por si só, neutralizar a tentação de renegar a democracia e de aderir à extrema direita. Obviamente, essa tentação é nutrida de um desconhecimento da complexidade, de uma esquematização do mundo que um nível de instrução mais elevado poderia moderar. O espírito crítico não é o forte daqueles que seguem os líderes mais demagógicos. Contudo, seria irrealista considerar a guinada para a extrema direita apenas uma questão educacional: o desespero de uma parte de nossos contemporâneos é real, baseia-se em fatos não menos reais. Insegurança, exclusão do crescimento, precariedade e incerteza diante do futuro não são fantasias. É um pouco simplista dizer que o fascismo não é uma resposta quando a democracia reconhece sua impotência para barrar o desemprego, a pobreza, as injustiças, a violência e a desordem urbanas.

Se a cidadania está em crise, é porque a justiça está em crise, porque as disparidades aumentam, porque a partilha do crescimento é muito desigual, porque o desenvolvimento industrial cria um conjunto de sofrimentos individuais insuportáveis e incompreensíveis nas sociedades contemporâneas. O fim da guerra fria e a derrocada da União Soviética deixaram o campo livre para um capitalismo que tem como profissão de fé a globalização e o neoliberalismo. Não é surpreendente que aqueles que pagam a conta desse "universo impiedoso" voltem-se para uma alternativa de extrema direita, ou que burlem de maneira mais ou menos discreta leis e valores de uma sociedade que os exclui de sua prosperidade. A violência ou a delinqüência pode ser uma manifestação da dificuldade de interiorizar aquilo que certos psicanalistas ou certos pedagogos chamam de Lei. Mas por que não considerar o desvio como um comportamento plenamente racional em um mundo que estimula o desejo do consumo de forma desenfreada, sem proporcionar os meios a todos, deixando-lhes a escolha entre remoer a frustração para o resto da vida ou virar um fora-da-lei?

Uma verdadeira educação para a cidadania não poderia consistir em convencer o povo de que ele vive em uma perfeita democracia. Estaríamos então no registro do ópio do povo, de uma educação que seria, na realidade, "anticidadã", que levaria os mais carentes a continuar confiando cegamente naqueles que os dirigem e no sistema que os explora. É o que esperam da escola todos os poderes totalitários: que ela condicione carneiros em uma situação em que o ideal democrático recomendaria formar revoltados ou dissidentes. Pode-se perguntar se uma parte das classes dirigentes modernas dos países desenvolvidos não formula *mezzo voce* a mesma expectativa: que a escola ensine as pessoas a *ficarem tranqüilas*! Em nome do equilíbrio internacional, da balança de pagamentos, da razão de Estado, da conquista de mercados e do realismo monetário, a escola deveria ajudar as pessoas a compreenderem que não se pode fazer nada por elas. Os generais não foram sempre capazes de convencer suas tropas das virtudes do sacrifício de alguns pelo bem da nação?

Não há como aceitar uma educação para a cidadania que seja um condicionamento à resignação, que se empenhe em desmobilizar a revolta em nome do caráter ineluctável de certos processos ecológicos, tecnológicos ou econômicos.

Como conceber uma educação que permita compreender a complexidade sem aumentar o fatalismo dos mais carentes ou seu sentimento de que ninguém é responsável por sua sorte, a não ser sua própria falta de vontade ou de inteligência? Como aceitar as contradições inerentes ao mundo e ao ser humano sem que se perca toda aspiração à mudança, toda esperança de uma condição mais viável?

Talvez não se tenha percebido claramente a ambigüidade de uma *educação para a complexidade*. Levada a termo, ela deveria reforçar a democracia, mas poderia enfraquecê-la se servisse de desculpa para o imobilismo diante da situação do planeta. Portanto, tudo depende dos recursos intelectuais – saberes e competências – que as sucessivas gerações constroem para esse sujeito, primeiro durante a educação básica e, depois, durante toda a vida.

Quando se consideram as relações entre cidadania e saberes, duas observações merecem um exame mais atento. A se julgar pelas condutas eleitorais, pelas cartas de leitores, pelas sondagens, pode-se sugerir a hipótese de que, após mais de um século de escolaridade obrigatória, as pessoas ainda não dispõem dos meios intelectuais:

- para compreender o que está acontecendo com elas, individual e coletivamente, para avaliar isso, perceber eventuais evoluções, fazer comparações exatas com outras condições, outros países, outras épocas;
- para estimar, em sua sorte individual ou coletiva, o que decorre de escolhas políticas locais, regionais ou nacionais, e o que provavelmente adviria qualquer que fosse o poder em vigor, porque ninguém domina o jogo inteiramente.

Assim, uma tal educação para a complexidade está muito longe de ser uma reverência apenas formal às instituições democráticas. O desafio é permitir formar uma capacidade de julgamento que permita aderir a ela de maneira ativa e crítica ao mesmo tempo.

Esse julgamento passa por uma boa informação e, portanto, pela capacidade de ler textos difíceis e de compreender coisas abstratas, como os mecanismos monetários, comerciais ou fiscais, mas também aqueles que engendram a marginalização ou o medo. A escola é indiscutivelmente responsável por ensinar a ler, mas também a ler jornal, a ouvir, a assistir e a compreender os programas de TV sobre política e sobre temas sociais. Isso supõe discernimento e espírito crítico suficientes para pensar por si mesmo, além da capacidade elementar – mas que ainda é mal distribuída – de ler e de tratar a informação. As enquetes sobre leitura sugerem que uma parte de nossos contemporâneos deixa a escola sem ser capaz de ler corretamente, mas também de compreender o jornal televisivo ou um debate contraditório.

Então, a educação para a cidadania passa – e é preciso repetir isso sempre pela ação de atingir os objetivos gerais da escolaridade básica, ou seja, uma democratização mais ampla e mais eficaz do acesso aos saberes e competências.

Contudo, não se poderá dispensar saberes específicos. Os programas escolares não preparam para compreender a sociedade planetária, e nem mesmo as sociedades nacionais. Quando não se ouve nada de economia, de direito, dos mecanismos de decisão em diversos níveis, dos fatores que condicionam a vida das pessoas, como se pode julgar o que se passa, captar a dramatização midiática e, principalmente, observar mais de perto a margem de manobra do governo no mundo tal qual ele é?

Em numerosos países, a rejeição à classe política tradicional é alimentada, talvez, por "casos" que permitem duvidar da honestidade de uma parte dos parlamentares e dos dirigentes; provêm igualmente da diversidade de uma concorrência eleitoral que obriga cada candidato a fazer promessas que sabe que não vai cumprir. Nenhum partido deveria ousar prometer pôr fim à poluição, à insegurança, ao fracasso escolar, à pobreza ou ao desemprego em 4 ou mesmo em 10 anos.

Esse assalto de promessas irrelevantes, das quais as campanhas eleitorais oferecem-nos o espetáculo, indica-nos que a maioria dos eleitores não quer ouvir outra coisa. Em nosso mundo midiático, os políticos condenam-se a perder as eleições se tentarem "falar a verdade", sustentando que só é possível alcançar pequenos avanços. Eles devem, como os mágicos, prometer coisas extraordinárias. Infelizmente, eles não têm "truques" para salvar as aparências. Por isso, passam todo o tempo dando explicações, seja que fizeram muito mais do que afirmam seus detratores ou muito melhor que os países vizinhos, seja que se depararam com obstáculos imprevisíveis e que não podem ser responsabilizados por promessas não-cumpridas.

Quando um demagogo vem dizer que basta reduzir os impostos ao mesmo tempo dobrando o número de policiais, fechar as fronteiras ao mesmo tempo favorecendo o crescimento ou, uma variante de esquerda, tomar a fortuna dos ricos e nacionalizar a economia, dobrar o número de professores ao mesmo tempo remunerando-os melhor, sem para isso aumentar os impostos, os eleitores deveriam morrer de rir. Mas eles não riem e votam, em proporções crescentes, em demagogos que prometem milagres sem ter a cobertura de uma varinha mágica.

Por quê? Porque a cultura, os saberes e a informação dessas pessoas colocam-nas à mercê de uma retórica hábil que joga com suas angústias e suas frustrações. Temos de parar de olhar para a classe política com desprezo quando não somos coletivamente capazes de votar com conhecimento de causa. E, se desejamos verdadeiramente uma educação cidadão, temos de trabalhar para formar pessoas que saberão diferenciar entre a imigração e a delinqüência, ou entre a corrupção de alguns e a tese de que os políticos são todos "podres". Pessoas que compreendam que uma democracia tem poderes limitados sobre as práticas e as escolhas de uns e de outros e que deixa de ser uma democracia quando quer controlar de forma inquisitorial o consumo de diversos produtos, a saúde, a sexualidade, a contracepção, os comportamentos de risco, a educação familiar, os movimentos populacionais e todas as manifestações da liberdade e do direito à diferença, com seus excessos. Este é um dos paradoxos conhecidos da democracia: não negar suas convicções sob o pretexto de se defender melhor. Daí essa escolha às vezes suicida, mas sempre coerente: dar liberdade de voto e de expressão àqueles que a abolirão tão logo cheguem ao poder.

A educação para a complexidade consiste em compreender que todos fazem parte do problema, mas também da solução, que não há *deus ex machina*. O desafio da formação é fazer com que todos sejam capazes de romper com a eterna busca de um bode expiatório responsável por todos os males e de seu corolário, a expectativa do guia ou do salvador que resolverá todos os problemas.

Resta uma dificuldade: a lucidez não garante a solidariedade e pode, ao contrário, levar aos cálculos mais cínicos. Os que fabricam redes mafiosas ou vivem do tráfico ilegal não são imbecis nem ignorantes, mas pessoas que escolheram investir no crime, em vez de investir na lei.

A interdição da violência, a preocupação com a eqüidade, o respeito aos outros e o sentimento de pertencer a uma comunidade não independem dos saberes, porém eles não são suficientes. Será que, pesando tudo, há um interesse efetivo em proteger os recursos naturais, em pagar o justo valor pelo trabalho e pelas matérias-primas, em oferecer oportunidades a todos, em assegurar a reciprocidade? Podemos duvidar disso. Não é verdade que os maus são sempre punidos, não se demonstrou que o egoísmo mais doentio não é um "bom cálculo", a não ser a médio prazo. A vida é curta. Se a pessoa não acredita na justiça divina, escolher não ser um "bom cidadão" pode ser um risco calculado, que não é um absurdo assumir, dependendo da distância entre o que a vida promete e aquilo que se espera. Os que fumam, usam drogas ou abusam da velocidade não negam que haja riscos nisso, alguns os reconhecem, mas dizem que o jogo vale a pena. Assumir deliberadamente o risco de enfraquecer a democracia é ainda mais fácil, pois é abstrato, longínquo e não tem efeitos tão diretos e inelutáveis sobre a pessoa Os sociólogos e os criminologistas sabem disto: muitos desvios e delitos ficam impunes.

Não é impossível nem inútil contribuir para fazer da cidadania um "bom cálculo", trabalhando, por exemplo, sobre as representações das interdependências entre as escolhas dos atores e seus efeitos agregados sobre o sistema. Mas a sabedoria não se enraíza na mera contemplação lúcida do mundo. Ela também emana de uma ética, de uma filosofia, talvez de uma estética, que são visões preconcebidas mais do que conseqüências lógicas daquilo que se observa.

Provavelmente, aos olhos daquele que toma um pouco de distância histórica e sociológica, a democracia parece, em última instância, "o pior dos sistemas, com exceção de todos os outros", segundo as palavras de Churchill. A democracia, de maneira imperfeita, porém mais do que qualquer outro regime, assegura à maioria uma participação no poder e uma forma de liberdade e de eqüidade, torna possível a mudança e a diversidade. No entanto, para chegar a essa conclusão, é preciso refletir simultaneamente em termos de *sistema social*, de sobrevivência e de bem-estar de uma *coletividade*. É preciso mesmo identificar-se em parte com esse conjunto, sentir-se minimamente responsável.

Intelectualmente, todos podem compreender que algumas de suas condutas enfraquecem o sistema pelo próprio fato de sua total indiferença às apostas coletivas. Em uma sociedade individualista, não é de se surpreender que máximas como "*Eu em primeiro lugar*" e "*Depois de mim o Dilúvio*" sejam vistas por alguns como o supra-sumo da razão.

Será que a escola pode construir uma identidade terrena, um sentimento de pertencer a um conjunto sem cair em uma catequese cívica? Como conciliar individualismo e democracia? A extrema direita propõe uma forma de comunidade, sugere que, para não ficar sós e expostos à miséria do mundo, todos se fundam em um conjunto. Pode-se aprender a se sentir membro de uma comunidade sem perder todo o senso de responsabilidade pessoal, nem deixar de pensar por si mesmo? Pode-se conciliar autonomia da pessoa e solidariedade?

Bem entendido, a questão da cidadania está no centro de nossas contradições e seria uma ingenuidade acreditar que se responderá a ela confiando-a à escola.

Todavia, esta última pode participar do esforço coletivo. A maneira mais segura de contribuir para isso é subordinar o envolvimento do mundo escolar a um engajamento equivalente dos outros atores coletivos. Não há nada mais desmoralizante do que trabalhar para construir uma sociedade cidadã e vê-la ridicularizada por governos que invocam armas de destruição em massa inexistentes para justificar uma guerra, por especuladores que espoliam pequenos poupadores ou por empresários dispostos a apoderar-se do dinheiro público quando tudo vai bem, a pedir ajuda mesmo quanto tudo vai mal e a desaparecer no espaço quando tudo está perdido.

Caricatura? Leiam o jornal. Se "a sociedade" deseja que a escola desenvolva a cidadania, é preciso que limpe seu próprio terreno. Que os professores mais militantes resistam a este absurdo: ter de se bater contra a sociedade que os autoriza. Quem leu *Barragem contra o Pacífico* conhece a estranha sorte – sobretudo relatada por Marguerite Duras – que é lutar por uma causa perdida. Mas por que lutar quando as condições da luta são tão desfavoráveis, quando os dados estão marcados?

Em vez de inventar dispositivos e programas de educação para a cidadania, o pessoal do ensino faria melhor se travasse um diálogo com todos aqueles – a classe política, as mídias, os pais – que exigem que se faça *tudo*, enquanto eles próprios não fazem *nada*. Desemprego endêmico, grandes conjuntos mortíferos, dureza e precariedade das condições de trabalho, lentidão e falhas da justiça, desigualdades gritantes, incoerências das políticas públicas, insalubridade e insegurança das cidades: tudo isso nutre as incivilidades, a delinqüência, assim como a depressão e o distanciamento do mundo. O que pode fazer então uma hora de cidadania, gota de virtude em um mar poluído?

Obviamente, não é inútil construir referenciais de competências e didáticas eficazes, ampliar a participação dos alunos, formar melhor os professores. A política do pior só pode trazer o pior.

Mas por que não questionar paralelamente o sentido da demanda social? Por que não dirigir às boas almas uma questão salutar, embora desconcertante: e você, o que faz, no cotidiano, em sua esfera de influência, para que as coisas melhorem?

Posfácio

A educação para a cidadania em alguns de seus debates

*François Audigier**

Valendo-se de suas competências de sociólogo da educação e de seu engajamento permanente nas reformas educacionais, Philippe Perrenoud oferece-nos aqui suas reflexões sobre um tema bastante atual, a educação para a cidadania. Outro livro? – poderíamos indagar à primeira vista. Mais um livro sobre aquilo que se revela como uma intenção ou um projeto tão generoso quanto ambíguo, ambigüidade que algumas vezes, ou quase sempre, encerra a hipocrisia – como está dito desde a introdução? Que razões haveria, então, para refletir sobre seu conteúdo, para debater, para inspirar-se em alguma de suas idéias e proposições ao estudar, organizar e orientar a ação educativa? Nesta contribuição que se segue à leitura da obra, disponho-me resolutamente ao diálogo e desejo pôr em discussão diversos pontos que julgo importantes, primeiro com o autor, e depois com todos/as aqueles/as todos/as aqueles/as que consideram a educação para a cidadania essencial para o futuro de nossa Escola, de nossas escolas**, para nossas sociedades democráticas. Nessa discussão, assumo inteiramente o lado subjetivo e singular de minha posição, enunciando minhas observações na primeira pessoa; prolongo assim vários momentos em que Philippe Perrenoud, desviando-se um pouco dos princípios canônicos do texto científico ou do texto de

---

*Professor de didáticas das ciências sociais, Universidade de Genebra, Faculdade de Psicologia e das Ciências da Educação.
 **Segundo uma convenção de escrita, Escola em maiúscula designa a instituição escolar em geral, em minúscula os estabelecimentos em particular. Embora muitas pessoas que trabalham na Escola privada possam reconhecer-se aqui, minha explanação é construída a partir de uma reflexão sobre a Escola pública, Escola para todos.

especialista, também escreve na primeira pessoa. É verdade que o próprio tema, a cidadania e a educação relativa a ela, não deixa ninguém indiferente; mais do que qualquer outro tema escolar, ele envolve a pessoa, seus julgamentos, seus pontos de vista, suas convicções, suas próprias crenças firmemente defendidas. Nessa posição de sujeito que dialoga, situo-me prioritariamente em uma perspectiva didática, daquele que "entra" na educação para a cidadania pela questão dos saberes, saberes em jogo, saberes a construir, saberes específicos da cidadania por menos que se possa delimitá-los e enunciá-los. Um dos maiores riscos da educação para a cidadania é que ela seja asfixiada por tantas expectativas, por tantas práticas e por tantos conteúdos, que acabe desaparecendo. Assim, tudo o que diz respeito à vida em sociedade pode ser visto sob um olhar ou de uma perspectiva cidadã. Mas nem tudo o que diz respeito à vida em sociedade tem a ver necessariamente com cidadania. Quanto a isso, minha posição é bastante firme. Respeitar o código de trânsito é antes de tudo uma questão de bom entendimento da própria segurança, não agredir um menor é uma norma vigente na maior parte das sociedades, a educação para a saúde talvez possa limitar-se a uma visão higienista perfeitamente apta a ocupar um lugar em uma escola totalitária, etc. Em suma, o maior risco é reduzir essa educação à aprendizagem de "bons" comportamentos, de comportamentos ajustados e submissos. A principal resposta a esse risco é uma reflexão sólida e rigorosa sobre o sentido que se atribui à cidadania e sobre as referências escolhidas para construir a educação correspondente.

Esse ponto de vista didático é complementar ao do sociólogo. Sempre defendi uma concepção "aberta" das didáticas das disciplinas, sobretudo em disciplinas com forte componente cultural, como história e geografia, mas também a educação cidadã; ainda que essa educação ultrapasse o âmbito restrito de uma disciplina escolar no sentido usual do termo, como mostra este livro, não há formação cidadã efetiva que não se apóie também em momentos específicos de reflexão e de construção de saberes ligados à cidadania. A opção por didáticas abertas destaca a importância de situar nossas disciplinas escolares na cultura escolar, de estudar e de conceber as práticas, os conteúdos ensinados, as expectativas dos atores em diferentes níveis de análise, combinando o que se faz na sala de aula com o estabelecimento de ensino, o sistema escolar, a sociedade. O sociólogo não tem nenhum interesse em deixar fora de seu campo aquilo que emana das características e dos conteúdos próprios aos diferentes domínios de saberes e às práticas próprias a eles; se ele entra na sala de aula para estudar as relações entre as pessoas, os currículos reais e os currículos ocultos, etc., sua análise é tanto mais pertinente na medida em que ele leva em conta os saberes em jogo; já o didático não pode esquecer que toda situação de ensino inscreve-se em um contexto, em uma instituição, é comandada por atores, eles próprios inseridos em culturas. O fato de trabalhar também com história e geografia talvez faça com que eu seja mais sensível àquilo que diz respeito à identidade coletiva, ao vínculo ou aos vínculos a uma comunidade política democrática, às dimensões do tempo para pensar a experiência individual e a experiência social, ao peso dos territórios como criação do homem, mas também espaços de dimensão política, lugares identitários. A cidadania é sempre concebida e vivida como um contexto particular. Os direitos e as obrigações decorrentes da condição de cidadão estão ligados ao seu vínculo a uma comunidade política particular. Enfim, como o leitor constata inúmeras vezes ao longo de sua leitura, a cidadania contém em si os debates que dividem a sociedade, sobre temas em torno dos quais se confrontam os diversos interesses, opiniões, pontos de vista. Sua escolarização, portanto, não é nada simples.

Quatro momentos organizam minha explicação: os acordos, as precauções, as reservas e mesmo as discordâncias, os objetos e os temas de debate, de trabalho, de aprofundamento. Os últimos são os mais interessantes, porém os anteriores esclarecem-nos e ajudam a construir seu sentido.

ACORDOS

Enunciar os acordos seria demorado e, quanto a isso, o melhor caminho é a leitura da obra. Destaco três, em parte retomados dos objetos e temas de debate. Colocá-los em primeiro lugar significa constituí-los em um pressuposto sobre o qual não deveria ser necessário voltar, um pressuposto que se desejaria suficientemente admitido para que se julgasse inteiramente inútil e sem interesse trazê-los de volta aos debates sobre a Escola. O primeiro desses acordos tem a ver (evidentemente) com a intenção geral do livro e, ao mesmo tempo, com a maneira como Philippe Perrenoud posiciona-se. Escrever sobre a cidadania, fazer dela objeto de estudo e de trabalho, envolve o sujeito, o ator. Ninguém é neutro a esse respeito. Mesmo a indiferença é aqui, mais do que em qualquer outra parte, uma tomada de posição, infelizmente negativa. Por muito tempo, certas correntes pensaram que essa neutralidade fosse possível. Nos currículos, a marca dessa neutralidade era a prioridade dada ao estudo de instituições políticas, estudo conduzido de modo a manter à máxima distância os atores, os conflitos, a própria vida dessas instituições. Todo mundo conhece as frias exposições, aliadas a organogramas concisos que se apresentam como saberes objetivos, distanciados, neutros. A ficção da neutralidade há muito tempo caiu em descrédito; os conteúdos ensinados foram modificados. Por um lado, o estudo das instituições tem agora apenas um espaço limitado nos currículos e nas práticas e, por outro lado, a concepção geral da educação para a cidadania evoluiu bastante na maior parte das sociedades ocidentais, evolução que marca claramente a passagem da instrução cívica para a educação cívica. Nossa atenção e nossas energias devem associar-se desde já à implementação dessas novas orientações.

O segundo acordo percorre toda a obra e refere-se aos valores. Esses valores, ligados aos direitos do homem e à democracia, têm duas funções principais: eles constituem um suporte indiscutível e configuram objetos permanentes de debates, tanto teóricos quanto práticos. Isso implica igualmente recusas; o discurso torna-se aqui fortemente normativo. Assim, em nossas democracias, é preciso recusar qualquer questionamento da proclamação da igual dignidade dos seres humanos ou da necessidade de que as pessoas comportem-se umas em relação às outras em um espírito de fraternidade, idéias contidas no artigo 1º da Declaração Universal de 1948; ao contrário, as maneiras de lutar contra as discriminações, de organizar e de implementar dispositivos de solidariedade, continuam sendo objeto de debate. Isso evoca também a recusa de um certo relativismo. As coisas não são todas equivalentes. Quaisquer que sejam suas debilidades, a democracia não é nem um privilégio de sociedades desenvolvidas, nem uma construção de tal modo calcada historicamente e espacialmente que não seria boa para "os outros". Ainda que a democracia não seja universal, ela é a única forma política universalizável. Em outras palavras, não se pode construir um mundo comum, onde os direitos da pessoa sejam a principal referência, sem proclamar a igual dignidade dessas pessoas e a necessidade de organizar esse mundo conforme os valores de solidariedade e de justiça. O primeiro está presente na maioria dos capítulos e, mais do que isso, é tema de um capítulo específico. O segundo surge com força em certos debates sobre o futuro de nossas sociedades.

A insistência sobre a necessidade de coerência entre o projeto da escola e a organização e gestão da vida escolar suscita igualmente uma adesão imediata. Todos estão de acordo também com as críticas dirigidas aos incontáveis problemas de funcionamento que afetam nossas instituições escolares, mesmo que às vezes essa crítica seja muito abrupta e talvez não dê muito espaço às tentativas e experiências que procuram desenvolver outras práticas. Porém, os caminhos estão traçados; eles são conhecidos já há bastante tempo, notadamente a partir das pedagogias novas, em particular da pedagogia institucional, cujas contribuições são lembradas muitas vezes. Esses problemas de funcionamento recobrem uma vasta gama de atitudes, de situações, de decisões que abrem ainda um amplo campo de iniciativas, desde a luta contra os pequenos arranjos até as modificações das instituições e de suas modalidades de funcionamento.

PRECAUÇÕES

As precauções aconselham a relativizar certas afirmações. Assim, por exemplo, as distâncias entre as intenções, as proclamações e as práticas, distâncias qualificadas sob a rubrica geral de disfunções, configuram também o espaço de liberdade no qual os alunos – e, de maneira mais geral, todas as pessoas – podem lançar-se. No fim das contas, nem o mundo, nem nossas sociedades particulares, nem as instituições escolares funcionam em conformidade absoluta com os princípios e os valores que reivindicam para si. Por um lado, essa diferença configura um espaço no qual se situa igualmente a liberdade de cada um; por outro lado, constitui um interessante objeto de trabalho com os alunos. Voltarei à importância dos valores mais adiante. Uma segunda precaução, que ultrapassa os limites estritos da educação para a cidadania, está relacionada aos discursos sobre a autonomia, seja dos estabelecimentos, seja das pessoas. O movimento que defende mais autonomia para os estabelecimentos escolares é amplamente difundido na maior parte dos sistemas escolares. Evidentemente, as situações são distintas; a autonomia assume feições variadas conforme os sistemas sejam, *a priori*, fortemente centralizados, como o sistema francês, ou fortemente descentralizados, como o sistema suíço ou o sistema inglês, conforme a Escola seja pensada como muito próxima das coletividades locais e como um prolongamento das famílias ou como distantes destas, sem esquecer que a situação não é a mesma para as primeiras séries do ensino fundamental e para as séries finais. Deixo de lado também as indagações acerca das desigualdades entre os estabelecimentos que, em grande medida, estão ligadas às desigualdades socioespaciais no caso de uma escola obrigatória que geralmente obedece aos imperativos do mapa escolar; essas desigualdades provavelmente são mais acentuadas quando esse imperativo deixa de existir, permitindo às famílias a livre escolha da escola. A autonomia, entre realidade e projeto, instiga-me igualmente quando a relaciono com um discurso mais ou menos amplo sobre a autonomia dos atores. À primeira vista, essa orientação só pode ser tomada como positiva, visto que reconhece a liberdade e a responsabilidade das pessoas; contudo, ela também tem um peso considerável sobre estas últimas e sobre as instituições. Esquecem-se com muita freqüência as condições e as restrições econômicas, sociais e culturais. Desde que se abandonaram as teorias que atribuem as principais causas do fracasso escolar à organização da sociedade, às desigualdades econômicas e sociais, às diferenças de capital cultural e às relações entre as classes sociais, passou-se a atribuir essas causas às próprias pessoas e às suas origens "étnicas". Em última análise, cabe ao aluno, preso em sua condição cultural, uma cultura que se tornou quase uma natureza, a responsabilidade por sua escolarização e por suas aprendizagens, por seus êxitos e por seus fracassos. Sem dúvida, deveríamos ter um pensamento mais dialético sobre essas questões.

RESERVAS

As reservas, e mesmo as discordâncias, dizem respeito essencialmente a fórmulas, muito utilizadas na Escola, como em toda parte, geralmente na melhor das intenções, mas que não posso deixar de considerar como insuficientes e ao mesmo tempo ilusórias ou mesmo perigosas. São fórmulas, palavras, mas as palavras têm sua importância, pois é com elas que construímos nossa compreensão do mundo, de nossas experiências e, ao menos em parte, organizamos nossas ações. Eu me deterei por um momento em duas dessas fórmulas, particularmente emblemáticas: a "democracia na sala de aula" e a "cidadania planetária".

A democracia na sala de aula ou na escola é uma fórmula que encontramos com freqüência, em particular entre os partidários de reformas profundas. Entretanto, a Escola não é nem uma democracia, nem uma metáfora da sociedade. Ela é uma instituição pública cuja principal função é pôr em prática o direito à educação, direito que hoje faz parte do corpo dos direitos do homem, em especial dos direitos da criança, e que envolve notadamente a igualdade de acesso e também outros valores, como os de justiça e de solidariedade que já abordamos. Com certeza, a implantação da Escola obrigatória e de uma Escola que tem como finalidade a educação e a instrução da pessoa e do cidadão é anterior aos textos internacionais referentes ao direito à educação, mas esses textos conferem uma legitimidade e uma obrigação ainda mais fortes. Sendo assim, ela não é uma democracia. Em outras palavras, ela não é composta de cidadãos com os mesmos direitos e as mesmas obrigações. Os papéis, as funções, os estatutos das pessoas são diferentes. O principal corte, evidentemente, é o que separa os jovens dos adultos, sendo que os primeiros são menores, ao menos no ensino obrigatório; o segundo separa os alunos e os professores. Não há nenhuma necessidade de insistir sobre essas diferenças. Elas são essenciais; não se pode colocar os alunos em situação de confundir a vida social democrática, o mundo político e o mundo da escola. A democracia é um modo particular de organização dos poderes coletivos em uma sociedade. A Escola não pode ser comparada a ela, nem de perto nem de longe. Quanto a isso, ela está na mesma condição que qualquer outra instituição em uma sociedade. Uma vez enunciado isso, reporto-me à democracia de duas maneiras A primeira para retomar uma fórmula empregada com freqüência: a Escola não pode funcionar em contradição com os valores, as normas e os princípios que pretende ensinar. Sobre essa intenção e essa exigência não se pode fazer nenhuma concessão. Nesse ponto, estamos novamente de acordo sobre a busca permanente de dispositivos e de modalidades de funcionamento que façam referência aos direitos da pessoa. Assim, os alunos têm direitos, particularmente o direito de ser protegidos, por exemplo, protegidos de abusos de poder, de situações de privação de direito, sejam elas criadas por adultos ou por outros alunos. Sua condição de menor torna ainda maior essa exigência de proteção. O leitor encontra na obra de Philippe Perrenoud várias proposições nesse sentido; portanto, não vou desenvolvê-las, limitando-me a uma observação complementar: a Escola, os adultos geralmente são muito mais sensíveis à punição, a sanção do que à reparação. Um pouco de cultura jurídica é útil aqui para nos ajudar a pensar essas duas conseqüências de uma transgressão das regras, da lei. A segunda tem a ver com a própria missão da Escola, a instrução e a educação. A Escola, em especial com a educação para a cidadania e por meio dela, tem como finalidade igualmente a formação para a democracia. Isso implica ao menos duas orientações de trabalho complementares: a possibilidade para os alunos de construir e de viver experiências favoráveis a essa formação; os momentos em que tudo aquilo que emana da democracia, os valores e os princípios que a fundamentam, os conceitos que permitem pensá-la, são objeto de trabalho, trabalho de explicitação, de implementação de capacidades de análise de situações sociais, de análise de conflitos, de identificação dos valores e dos conflitos de valores presentes em qualquer situação, etc.

Nessa perspectiva, os conselhos de classe ou de escola, todas as instituições de participação, de mediação, de escuta, etc., são bem-vindas *a priori*. Contudo, seu funcionamento torna-se delicado quando se instilam certas confusões, quando, por exemplo, o conselho que elaborou regras coletivas transforma-se em instituição que debate a transgressão dessas regras e que sanciona. O poder legislativo torna-se executivo e judiciário, com o risco de confusão de poderes; uma referência rigorosa à democracia ensina que essa confusão sempre foi considerada como uma tirania. A democracia é um sistema em que cada poder é, em princípio, controlado por um ou por mais poderes, impedindo, assim, que um deles se torne totalitário. Mas a Escola não é uma democracia...

Com a cidadania planetária, temos uma outra expressão que suscita em mim fortes reservas. Mais uma vez, não posso deixar de reconhecer a generosidade da intenção e do projeto, porém... Essas reservas estão ligadas a uma visão que defendo como necessária à cidadania, mesmo que essa visão seja considerada restritiva por alguns. O cidadão? O que é um cidadão? Uma pessoa que vive em sociedade com as outras, em uma sociedade que funciona segundo princípios, normas, leis que se reivindicam democráticas? Podemos ficar nisso. Assim, todo mundo é cidadão sem restrição, pois todo mundo vive com outros; essa abordagem parece tanto mais pertinente na medida em que vivemos em uma sociedade mundial. Afirmemos, portanto, uma cidadania planetária. Mais uma vez, estamos diante de uma grande confusão. A cidadania é antes de tudo um estatuto conferido pelo vínculo da pessoa a uma comunidade política, à sua nacionalidade. Esse estatuto determina os direitos e as obrigações de cada um, as maneiras como ele se associa aos poderes políticos, ao seu controle, às escolhas dos governantes, etc. Queiramos ou não, o mundo nosso mundo é dividido em Estados que reúnem um território, pessoas que lhe prestam fidelidade, um poder. Muitas vezes, é interessante trabalhar com os alunos sobre o passaporte como autorização para "sair" e "entrar" no território da comunidade política a que pertence; geralmente, esse passaporte não pertence à pessoa que o detém, mas ao Estado que o coloca à sua disposição. Todo mundo é cidadão, sem dúvida, mas cidadão de um Estado que não é necessariamente aquele onde se reside. Como cidadão francês residente na Suíça, não tenho os mesmos direitos e obrigações que os cidadãos suíços; restabeleço a plenitude de meus direitos e obrigações quando retorno à França. Não existe cidadania planetária no sentido em que nosso vínculo planetário não atribui nenhum direito e nenhuma obrigação particular; não existe cidadania planetária porque não existe poder planetário suscetível de ser controlado por cidadãos. Em compensação, manifesto minha total concordância sobre a importância de considerar a dimensão planetária de inúmeros problemas enfrentados por nossa sociedade. A solidariedade não se restringe nem às pessoas que têm a mesma cor de passaporte do que nós, nem às fronteiras de nosso território. Noções como a de bens públicos que são questionadas nas fronteiras de nossos Estados são retrabalhadas por alguns autores sob a idéia de bens públicos mundiais. A água e, portanto, o acesso à água, a saúde e, portanto, o acesso aos cuidados, assim como a informação e, de outra maneira, a segurança e a justiça são bens que é preciso tornar disponíveis a todos e cuja partilha tem de ser construída. Mas não se pode confundir uma intenção, uma reflexão necessária, um projeto que, como projeto, é também objeto de debate, de construção, etc., e uma realidade tal como se apresenta a todos nós. Isso é importante, pois o uso excessivo de uma fórmula como a cidadania planetária ou mundial pode acabar por reduzi-la a uma vaga consciência, ao passo que, no cerne da cidadania, situa-se a questão do poder das pessoas, dos cidadãos.

DEBATES E DIÁLOGOS

Chego finalmente ao que, para mim, é o mais importante: os objetos de debate, de diálogo, de aprofundamento, temas que também devem ser transformados em boas e sólidas pesquisas. Mais uma vez, destaco apenas alguns, prosseguindo na linha de minhas precauções e reservas. Todos esses objetivos, pouco originais, porém tão presentes quando se estuda a Escola, interessam tanto ao sociólogo quanto ao didata em ciências sociais. Contudo, esse interesse vai bem além do interesse desses dois personagens. A maioria das questões, espero, encontrará eco junto a todas aquelas pessoas que estão engajadas na ação educativa em uma perspectiva cidadã ou, mais precisamente, na educação para a cidadania.

O *primeiro tema* é um clássico nos trabalhos e nos escritos de Philippe Perrenoud; diz respeito às relações entre saberes e experiência, os saberes como experiências, as experiências como saberes, saberes de experiência, experiência de saberes. Em nossas sociedades ocidentais, o projeto escolar repousa, em parte, sobre algumas crenças simples, em particular aquela que sugere que mais saberes modificam, conseqüentemente, as práticas, as atitudes, as opiniões. Após mais de um século de Escola obrigatória nessas sociedades, inúmeros exemplos, inúmeras experiências infelizes recomendam a maior prudência, para não dizer mais! No entanto, está em jogo aqui também a aposta de educabilidade da pessoa humana; de certa maneira, somos obrigados a aderir a ela, não para defender ofícios e instituições que nos permitem viver, mas simplesmente porque o inverso enuncia-se como uma mentira, um perigo, uma estupidez. Limito-me ao exemplo dos direitos do homem. O melhor especialista em direitos do homem pode ter os piores comportamentos, pois o conhecimento não garante em nada os comportamentos; porém, para que os direitos do homem tenham sentido, um sentido ao mesmo tempo teórico e prático, para que as pessoas engajem-se em sua defesa, para que compreendam sua importância e adiram a eles, é preferível, sem dúvida, conhecê-los. Se o conhecimento não é suficiente, ele é uma condição necessária. Condição necessária não significa de modo algum condição prévia. É na relação permanente entre experiências e saberes que se constroem e se afirmam as competências relativas aos direitos do homem. Encontramos nisso um sentido assinalado várias vezes na explanação de Philippe Perrenoud: a importância da experiência, a importância de um distanciamento dessa experiência para construir ferramentas de pensamento e capacidades de ação. Tenho aqui simplesmente uma inquietação, a de ver marginalizada – mais ainda, descartada – sua dimensão cognitiva e, junto com ela, obviamente, sua dimensão crítica, sob o pretexto da rejeição a ensinos demasiadamente formais da cidadania. As ambigüidades da educação para a cidadania referem-se principalmente ao risco de uma educação comportamental, de uma normalização de corpos e de espíritos em detrimento da formação de um cidadão livre e responsável. Se a experiência escolar constrói-se em uma sucessão de experiências particulares, é importante que os alunos "vivam" situações nas quais entram em jogo competências cidadãs nas quais que eles disponham de momentos para refletir sobre essas situações.

O *segundo tema* também está bastante presente nos trabalhos de Philippe Perrenoud, em particular a ênfase dada aos currículos reais e aos currículos ocultos. Com estes últimos, encontramos os efeitos contra-educativos de diversas práticas e, conseqüentemente, os apelos aos dispositivos de diálogo, de participação, etc. Todos conhecemos as distâncias que existem entre esses dois currículos. E entre eles e o currículo formal. Este último é constituído de uma seqüência de textos que se acumulam ao longo do tempo, que se respondem, se enriquecem e também ilustram as contradições em que a escola está mergulhada. Eles exprimem intenções, conteúdos, ambiciosos, vastos... Os resultados esperados são de uma tal amplitude, que se é levado a sonhar com um mundo perfeito que deveria surgir espontaneamente do êxito dessa educação, desde que não constitua para os adultos uma maneira de conjurar o mundo que estão deixando para as jovens gerações. Na maioria das matérias escolares, os objetivos a atingir e as competências a construir são suficientemente identificáveis para dar lugar a procedimentos de avaliação mais ou menos definidos e controlados; o caso é muito mais delicado na educação cidadã. Se alguns saberes são avaliáveis, as intenções que emanam dos comportamentos, das competências oferecem muito mais dificuldades nesse sentido. As capacidades de análise, particularmente de análises de caso, o domínio e o uso de certos conceitos nessas análises são avaliáveis. Do mesmo modo, pode-se dar uma atenção especial à vida na escola, aos incidentes que se produzem ali e às maneiras de enfrentá-los, como indicadores dos resultados da educação cidadã; qualquer que seja o interesse dessas abordagens, elas são necessariamente modestas, limitadas, parciais. Talvez devamos admitir que essa educação comporta uma grande parte de competências não-avaliadas. Entendo bem a dificuldade de fazer com que essa posição seja aceita em um mundo onde a avaliação está tornando-se obsessiva*, em uma Escola onde a importância de uma disciplina ou de um âmbito de ensino está diretamente ligada ao seu peso na orientação dos alunos. O desafio de tal situação não é da ordem do abandono, mas, ao contrário, de uma certa liberdade, do distanciamento das restrições que têm um peso cada vez maior. Por outro lado, se as competências construídas pela educação cidadã estão longe de ser avaliáveis, as situações escolares, as experiências, os dispositivos e seu funcionamento são, sem dúvida, muito mais. Contata-se aqui a exigência de não-contradição entre os valores em que a escola pretende inspirar-se e os valores que ela pretende transmitir e seu funcionamento cotidiano. Encontra-se também a idéia de que a experiência escolar constrói-se com o tempo e que encontra apoio nas experiências cotidianas e em sua diversidade.

---

*Quem avalia os avaliadores?

O *terceiro tema* é o dos valores, de sua definição e de sua hierarquização, valores que estão no cerne da maioria dos capítulos, com uma atenção particular, como já destaquei, à importância da solidariedade. Entendo claramente aqui o apelo de um contrapeso à ênfase dada à liberdade do indivíduo concebido tantas vezes de maneira pouco co-cidadã. Duas observações prolongam aquilo que Philippe Perrenoud escreveu a esse respeito. A primeira lembra de forma banal que na maior parte das situações descritas, particularmente naquelas em que é preciso decidir alguma coisa, os valores apresentam-se de forma contraditória. Eles não se apresentam diante de nós segundo uma ordem hierárquica simples, à qual bastaria reportar-se para tomar uma decisão. Essa ordem depende tanto de situações, de atores presentes, de desafios quanto de concepções e de culturas nas quais se constrói a decisão. Várias enquetes destacam o peso importante que têm para as pessoas, tanto alunos como professores, os valores do respeito e da tolerância. As associações de palavras são aqui um recurso para indicar essas ambigüidades, a começar por "ter respeito". Paul Ricoeur, em uma breve contribuição, distingue três períodos na construção da idéia de tolerância, períodos cujas características não suprimem as dos anteriores. O primeiro período, que se situa no momento e na seqüência de guerras religiosas, apresenta a tolerância como uma obrigação. Tendo em vista que nenhum campo pode eliminar o outro ou que essa eliminação tem um custo social muito elevado, nós aceitamos ou, mais exatamente, suportamos o outro, o toleramos. O segundo período surge com a escola do direito natural e a afirmação de uma igualdade das pessoas, pelo menos no estado natural, mesmo que isso seja pensado claramente como uma ficção. O outro é tolerado porque, como eu, ele é humano. Tolerado significa não-destruído, porém não necessariamente interessante. O terceiro período – esse termo é aqui mais intemporal, visto que nossas sociedades e nós mesmos, em muitos casos, operamos mais facilmente nos dois primeiros – inicia-se quando o outro é reconhecido como necessário para si, quando cada um reconhece sua incompletude e afirma também sua necessidade do outro para construir-se e viver plenamente sua vida humana, necessidade jamais inteiramente satisfeita ou fechada. Nossas Escolas também ilustram, mas de outro modo, essas tensões entre valores que se expressam em imperativos igualmente contraditórios: a transmissão e a construção de uma cultura para todos, cultura necessária para que exista esse espaço de deliberação que a cidadania e o espaço democrático requerem; a consideração das diversidades entre alunos; sua introdução em uma sociedade diferenciada e hierarquizada, etc. Esses aspectos devem ser trabalhados como tais com os alunos; não se pode levá-los a acreditar que basta aplicar alguns princípios ou valores supostamente simples. A segunda observação prolonga aquelas, sugerindo ao mesmo tempo uma inversão necessária na maneira mais freqüente de considerar as relações entre os valores e a realidade. Para usar a fórmula bastante conhecida segundo a qual as palavras não são as coisas, os valores não estão nas situações sociais. Os valores são pontos de vista, lugares a partir dos quais se analisa, avalia, julga, aprecia uma situação, as ações, os desafios, etc. "A" igualdade não existe, "a" liberdade tampouco. O que existe são situações de desigualdade que posso pensar como tais porque a cultura na qual estou mergulhado construiu o conceito de igualdade e porque eu mesmo também o construí. Decidirei que tal situação de desigualdade é aceitável ou inaceitável conforme a compreensão que tenha do conceito de igualdade. Da mesma forma, "a" liberdade não existe, mas existem liberdades definidas por nossas sociedades e por nossas leis, ações que cada um realiza e que atestam sua capacidade de liberdade em um momento determinado, em uma situação determinada. Essa reversão consiste, portanto, em não tomar os valores como coisas que se poderiam "aplicar" no real. Ao escrever isso, penso em reações de alunos durante trabalhos sobre os direitos do homem, alunos para os quais esses direitos, no fim das contas, eram apenas vilipendiados, pois os exemplos estudados e os pontos de vista adotados consistiam principalmente em tomar situações difíceis em relação a esses direitos. Assim, ainda que a denúncia também faça parte do conhecimento, estudar o trabalho das crianças não tem como objetivo estigmatizar, e sim compreender que as situações correspondentes, além da necessidade de recolocá-las em seu contexto, devem ser também analisadas, avaliadas do ponto de vista de certos direitos, como o direito à educação, o direito de ser protegido, etc. Esse ponto de vista não é natural, mas produto de uma história não-acabada e resultado de uma educação voluntária.

Finalmente, a questão dos valores situa a Escola diretamente em suas relações com a sociedade. Se nosso sistema econômico e social se impôs, em grande medida é porque ele estabeleceu pouco a pouco dispositivos de solidariedade entre os cidadãos, mais amplamente entre pessoas que vivem sob uma mesma autoridade estatal. Todos conhecem, ou inclusive vivem eles próprios, às vezes de maneira dramática, os questionamentos desses dispositivos e os apelos ambíguos à iniciativa individual. O espetáculo do mundo não conforta muito a idéia de uma solidariedade partilhada em qualquer escala em que se observe nosso mundo. A cidadania é um projeto político que não pertence, ou não apenas, à Escola. A contribuição desta é decisiva e capital, mas não tem muito peso se a sociedade apresenta aspectos e visões demasiadamente distantes desses princípios e valores, ou mesmo contraditórios com eles. A conclusão da obra mostra isso claramente. Temos de fazer uma escolha. Essa escolha de saberes e de competências que convém possibilitar que as gerações futuras construam e apropriem-se é uma escolha política; não cabe apenas aos professores ou apenas aos especialistas decidir essas escolhas.

O *quarto tema* que coloco em debate é o das relações entre indivíduos e coletividade com a questão dos vínculos. É uma outra maneira de pensar a solidariedade e de colocar minhas reservas sobre a cidadania planetária. O que legitimou a implantação de ensinos de cidadania nos sistemas educacionais ocidentais nos séculos precedentes foi orientado, antes de tudo, pela construção e pela transmissão de uma identidade coletiva. Essa identidade englobava a dimensão de um ensino partilhado com os outros membros da comunidade de cidadãos. Em outras palavras, elas se referiam, independentemente das opiniões e das crenças de cada um, independentemente da ênfase dada a esta ou aquela forma particular de solidariedade, todos esses elementos, deixados à livre escolha de cada um, eram como que englobados por um vínculo mais amplo, vínculo cidadão fortemente local ou mais diretamente nacional, conforme o caso, vínculo que inseria a pessoa em um destino coletivo. A educação para a cidadania tinha, provavelmente, uma ancoragem bastante centrada no estudo das instituições e em um aspecto formal, da qual fiz a necessária denúncia, e tinha também uma forte dimensão simbólica e afetiva ligada a esse sentimento de pertencimento. Há algumas décadas, em resposta mais ou menos consciente e explícita às evoluções do mundo, a Escola pública foi pouco a pouco marginalizando essa dimensão afetiva e o sentimento de pertencimento. Os saberes, principalmente os de ciências sociais, geografia, história e educação cidadã foram sendo aos poucos instrumentalizados, isto é, limitados à transmissão e à construção de saberes, habilidades e métodos definidos como úteis para a pessoa, mas deixando a cada um a preocupação de pensar sua relação com sua comunidade de origem. Meu propósito não é lamentar as visões identitárias muitas vezes fechadas e às vezes perigosas, mas colocar a questão do sentido dos saberes escolares, do sentido dos saberes e das competências de cidadania. Será que a construção do sentido não implica a capacidade do sujeito de situar esses saberes e de situar a si mesmo em uma temporalidade, em uma história, naturalmente sua história pessoal, mas também uma história, histórias coletivas, histórias partilhadas com outros? Será que a cidadania planetária nos ofereceria uma escala, um ponto de vista a partir do qual construir essa ou essas histórias? Não acredito que isso seja suficiente. Há uma distância enorme entre o indivíduo e o mundo. Todos têm necessidade de pertencer a grupos, a comunidades restritas. Entre esses grupos, figuram as comunidades cidadãs. Isso não significa que estas últimas sejam cristalizadas e definidas para a posteridade. Historicamente constituídas, elas mudarão necessariamente. A construção européia é, nesse sentido, um laboratório tão complexo e conflituoso quanto apaixonante. Para ser partilhadas e ter sentido para os alunos, assim como para os adultos, fora de certas utilidades mais ou menos imediatas, será que essas histórias, nossa história, podem ser construídas sem um projeto, sem um futuro?

Antes de concluir esta explanação, uma última observação que aparece como um *leitmotiv* reforça a dimensão cultural da cidadania. Cultural significa que a cidadania não é natural, não para opor de modo simplista natureza e cultura, mas para destacar que a cidadania não se impõe como uma evidência. Trata-se de uma construção histórica que repousa sobre uma certa maneira de conceber a vida coletiva, as relações entre os seres humanos, a organização e o exercício de poderes, a resolução de conflitos, a negociação entre interesses e opiniões diferentes, as leis, o direito. Ela exige, portanto, uma educação, educação para os valores, educação para os poderes e educação para o direito. Ainda que algumas delas retomem orientações desenvolvidas pelos movimentos de pedagogias novas, abordagens muitas vezes originais surgem atualmente. Essas abordagens exigem transformações profundas nas modalidades de funcionamento de nossas Escolas, inclusive naquelas que são mais difundidas em várias disciplinas escolares; elas requerem a evolução da forma escolar tal como ela se estabeleceu e se expandiu há mais de um século, e mesmo a invenção de formas novas. Elas exigem também muitas pessoas. Nesta obra, Philippe Perrenoud coloca claramente essas exigências e traça várias orientações para impulsionar, acompanhar e analisar essas transformações. É a partir dessas orientações e convicções refletidas que as fundamentam que os debates e as iniciativas devem ser encorajados, desenvolvidos, empreendidos.

Algumas publicações

Audigier, F. (1999). *L'éducation à la citoyenneté.* Paris: INRP.
Audigier, F. (2000). Instruction civique, éducation civique, éducation à la citoyenneté, Education aux citoyennetés... Changement de nom, changement de contenu ? In L. Pfander-Mény et J.-G. Lebeau (dir.) *Vers une citoyenneté européenne.* CRDP : Dijon, p. 23-40.
Audigier, F. (2000). *Concepts de base et compétences clés de l'éducation à la citoyenneté démocratique,* Une troisieme synthèse. Conseil de l'Europe, DGIV/EDU/CIT (2000) 23. No site do conselho.
Audigier, F. (2002). Le sens du politique et le programme de première : fausses tranquillités et vrais défis. In F. Martinetti, (dir.) *Education civique, juridique et sociale, lycée, classe de prendere.* Nice : CRDP, p. 17-24.
Audigier, F. et Bottani, N. Eds. (2002). *Education et vivre ensemble.* Actes du colloque La problématique du vivre ensemble dans les curricula. Genève : Service de la recherche en éducation, Cahier 9.
Audigier, F. (2002). L' éducation à la citoyenneté à la recherche de présences effectives. In *Revue suisse des sciences de l'éducation, 24, 2002, 3,* p. 451-466.
Audigier, F. (2002). L'éducation civique en France. *Online Journal für Soz; alwissenschaften und ihre Didaktik* 2, 200. www.sowi-onlinejournal.de.Format pdf. 21 pages.
Audigier, F. (2003). Histoire scolaire, citoyenneté et recherches didactiques. In Marie-Christine Baques, Annie Bruter et Nicole Tutiaux-Guillon, (Eds.) *Pistes didactiques et chemills d'historiens. Textes offerts à Renri Moniot.* Paris, Budapest et Turin, L'Harmattan, p. 241-263.

Referências

Amadieu, J.-F. (1993). *Organisations et travail. Coopération, conflit et marchan dage.* Paris: Vuibert.
Amblard, H. et al. (1996). *Les nouvelles approches sociologiques des organisations.* Paris: Seuil.
Argyris, C. (1995). *Savoir pour agir.* Paris: InterÉditions.
Astolfi, J.-P. (1992). *L'école pour apprendre.* Paris: ESF.
Astolfi, J-P. (dir.) (2003). *Éducation et formation : nouvelles questions, nouveaux métiers.* Paris: ESF.
Audigier, F. (1999). *L'éducation à la citoyenneté.* Paris: INRP.
Audigier, F. (2000). *Concepts de base et compétences clés de l' éducation à ia citoyenneté démocratique. Une troisième synthese.* Strasbourg: Conseil de l'Europe.
Audigier, F. (2002 a). Le sens du politique et le programme de première: fausses tranquillités et vrais défis. In F. Martinetti (dir.) *Éducation civique, juridique et sociale, lycée, classe de premiere.* Nice: CRDP, p. 17-24.
Audigier, F. (2002 b). Pourquoi en appeler à la citoyenneté ? *Éducateur,* n° 13, pp. 6-83.
Audigier, F. et Bottani, N. (dir.) (2002). *Éducation et vivre ensemble.* Genève: Service de la recherche en éducation, Cahier n° 9.
Audigier, F. (2002). L' éducation à la citoyenneté à la recherche de présences effectives. *Revue suisse des sciences de l'éducation,* 24, n° 3, pp. 451-466.
Balle, C. (1990). *Sociologie des organisations.* Paris: PUF, Que sais-je?
Ballion, R. (1982). *Les consommateurs d'école.* Paris: Stock.
Ballion, R. (1993). *Le lycée, une cité à construire.* Paris: Hachette.
Ballion, R. (1998). *La démocratie au lycée.* Paris: ESF.
Ballion, R. (2000). *Les conduites déviantes des lycéens.* Paris: Hachette.
Bassis, O. (1998). *Se construire dans le savoir, à l'école, en formation d'adultes.* Paris: ESF.
Becker, H.S. (1966). Whose Side Are We on? *Social Problems,* n° 14, p. 239-247.
Benavente A. et al. (1993). *De l'autre côté de l'école.* Beme, Lang.
Bentolila. A. (1996). *De l'illettrisme en général et de l'école en particulier.* Paris: Plon.
Bernoux, Ph. (1985). *La sociologie des organisations. Initiation.* Paris: Seuil.
Bosman, C., Gerard, F.-M. et Roegiers, X. (dir.) (2000). *Quel avenir pour les compétences?* Bruxelles : De Boeck.
Boudon, R. (1977). *Effets pervers et ordre social,* Paris: PUF.
Boudon, R. (1979). *La logique du social. Introduction à l'analyse sociologique.* Paris: Hachette.
Boumard, P. (1978). *Un conseil de classe très ordinaire.* Paris: Stock.
Boumard, P. et Marchât, J.-F. (1996). *Chahuts. Ordre et désordre dans l'institution éducative.* Paris: Colin.
Bourdieu, P. (1972). *Esquisse d'une théorie de la pratique. Précédé de trois études d'ethnologie kabyle.* Genève: Droz.
Bourdieu, P. (1980). *Le sens pratique.* Paris: Ed. de Minuit.
Bourdieu, P. (1982). *Ce que parler veut dire. L' économie des échanges linguistiques.* Paris: Fayard.
Bourdieu, P. (1997). *Méditations pascaliennes.* Paris: Seuil.

Bourdieu, P. (dir.) (1993). *La misère du monde*. Paris: Seuil.
Bourdieu, P. et Passeron, J.-C. (1970). *La reproduction. Eléments pour une théorie du système d'enseignement*. Paris: Ed. de Minuit.
Boutinet, J.-P. (1993). *Anthropologie du projet*. Paris: PUF, 2e édition.
Boutinet, J.-P. (1993). *Psychologie des conduites à projet*. Paris: PUF, QSJ.
Boutinet, J.-P. (dir.) (1995). *Le projet, mode ou nécessité?* Paris: L'Harmattan.
Castells, M. (1998). *L'ère de l'information*, tome I, *La société en réseaux*. Paris: Fayard.
Castells, M. (1999). *L'ère de l'information*, tome II, *Le pouvoir de l'identité*. Paris: Fayard.
Castells, M. (1999). *L'ère de l'information*, tome III, *Fin de millénaire*. Paris: Fayard.
Charlot, B., Bautier É. et Rochex, J.-Y. (1992). *École et savoir dans les banlieues... et ailleurs*. Paris: Armand Colin.
Chateauraynaud, E. (1997). Improviser dans les règles. In Robert, Ph., Soubiran.
Paillet, E. et van de Kerchove, M. (dir.) *Normes, normes juridiques, normes pénales. Pour une sociologie des frontières*. Paris: L'Hamattan, tome I, p. 139-178.
Chomsky, N. (1971). *Aspects de la théorie syntaxique*. Paris: Seuil.
Chomsky, N. (1977). *Réflexions sur le langage*. Paris: Maspéro.
Clot, Y. (1995). *Le travail sans l' homme. Pour une psychologie des milieux de travail et de vie*. Paris: La Découverte.
Cohen, A. et Hugon, M.-A. (1996). *Nouveaux lycéens, nouveaux pédagogues*. Paris: L'Harmattan.
Crahay, M. (1996). *Peut-on lutter contre l'échec scolaire?* Bruxelles: De Boeck.
CRESAS (1987). *On n' apprend pas tout seul! lnteractions sociales et construction des connaissances*. Paris: ESF.
CRESAS (1991). *Naissance d'une pédagogie interactive*. Paris: ESF.
Crozier, M. et Friedberg, E. (1977). *L'acteur et le système*. Paris: Seuil.
De Vecchi, G. et Carmona-Magnaldi, N. (1996). *Faire construire des savoirs*. Paris: Hachette.
Debarbieux, E. (1990). *La violence dans la classe*. Paris: ESF.
Defrance, B. (1992). *La violence à l'école*. Paris: Syros-Alternatives.
Defrance, B. (1993). *Sanctions et disciplines à l'école*. Paris: Syros.
Defrance, B. et ses élèves. (1996). *La planète lycéenne*. Paris: Syros.
Dejours, Ch. (1993). *Travail: usure mentale. De la psychopathologie à la psychodynamique du travail*. Paris: Bayard Éditions.
Dejours, Ch. (1998). *Souffrance en France. La banalisation de l'injustice sociale*. Paris: Seuil.
Delors, J. (1996). *L'éducation, un trésor est caché dedans*. Paris: Unesco et Odile Jacob.
Develay, M. (1996). *Donner du sens à l' école*. Paris: ESF.
Develay, M. (dir.) (1995). *Savoirs scolaires et didactiques des disciplines*. Paris: ESF.
Direction des Lycées et Collèges (1997). *Programmes du cycle central 5e et 4e*. Paris: Ministère de l'Éducation Nationale.
Dörner, D. (1997). *La logique de l'échec*. Paris: Flammarion.
Dubar, C. et Tripier, P. (1998). *Sociologie des professions*. Paris: A. Colin.
Dubet, F. (1991). *Les lycéens*. Paris: Seuil.
Dubet, F. (1994). *Sociologie de l'expérience*. Paris: Seuil.
Dubet, F. (2002). *Le déclin de l'institution*. Paris: Seuil.
Dubet, F. et Martucelli, D. (1996). *À l'école. Sociologie de l'expérience scolaire*. Paris: Seuil.
Dubet, F. et Martucelli, D. (1998). *Dans quelle société vivons-nous?* Paris: Seuil.
Dumouchel, P. et Dupuy, J.-P. (1983). *Colloque de Cerisy. L'auto-organisation. De la physique au politique*. Paris: Seuil.
Dupuy, F. et Thoenig, J.-C. (1985). *L'administration en miettes*. Paris: Fayard.
Dupuy, J.-P. (1990). *Ordres et désordres*. Paris: Seuil.
Estrela, M.T. (1992). *Autorité et discipline à l'école*. Paris: ESF.
Etienne, R. et Amiel, M. (1995). *La communication dans la classe*. Paris: Hachette.
Felder, D. (1985). *Les mutants pacifiques. Expériences communautaires du «New Age» en Californie*. Lausanne: Editions d'en Bas.
Friedberg, E. (1992). Les quatre dimensions de l'action organisée, *Revue française de sociologie*, XXXIII, n° 4, p. 531-557.
Friedberg, E. (1993). *Le pouvoir et la règle*. Paris: Seuil.

Gaulejac, V. de (1996). *Les sources de la honte.* Paris: Desclée de Brouwer.
Gillet, P. (1987). *Pour une pédagogique ou l' enseignant-praticien.* Paris: PUF
Gohier, Ch. et Laurin, S. (dir.) (2001). *Entre culture, compétence et contenu: la formation fondamentale, un espace à redéfinir.* Montréal: Éditions Logiques.
Goffman, E. (1968). *Asiles. Études sur la condition sociale des malades mentaux.* Paris: Ed. de Minuit.
Groupe Français d'éducation nouvelle (1996). *Construire ses savoirs, construire sa citoyenneté. De l'école à la cité.* Lyon: Chronique sociale.
Hameline, D. (1971). *Du savoir et des hommes. Contribution à l'analyse de l'intention d'instruire.* Paris: Gauthier-Villars.
Heimberg, Ch. (2002). La formation des maîtres en matière d' éducation à la citoyenneté, *Éducateur,* n° 13, pp. 12-13.
Imbert, F. (1994). *Médiations, institutions et loi dans la classe.* Paris: ESF.
Imbert, F. (dir.) (1976). *Le groupe classe et ses pouvoirs.* Paris: A. Colin.
Jobert, G. (1998). *La compétence à vivre. Contribution à une anthropologie de la reconnaissance au travail.* Tours: Université François Ralelais, Mémoire pour l'habilitation à diriger des recherches.
Jonnaert, Ph. (1996). Dévolution versus contre-dévolution! Un tandem incontournable pour le contrat didactique. In Raisky, C. et Caillot, M. (dir.) *Au-delà des didactiques, le didactique. Débats autour de concepts fédérateurs.* Bruxelles : De Boeck, p. 115-158.
Kellerhals, J. et Montandon, C. (1991). *Les stratégies éducatives des familles. Milieu social, dynamique familiale et éducation des préadolescents.* Genève: Delachaux et Niestlé.
Kellerhals, J., Modak, M. et Perrenoud, D. (1997). *Le sentiment de justice dans les relations sociaies.* Paris: PUF.
Lafaye, C. (1996). *La sociologie des organisations.* Paris: Nathan.
Lahire, B. (1993). *Culture écrite et inégalités scolaires.* Lyon: Presses universitaires de Lyon.
Lascoumes, P. (1997). *Élites irrégulières. Essai sur ia délinquance d'affaire.* Paris: Gallimard.
Le Boterf, G. (1994). *De la compétence. Essai sur un attracteur étrange.* Paris: Les Editions d'organisation.
Le Boterf, G. (1997). *De la compétence à la navigation professionnelle.* Paris: Les Editions d'organisation.
Le Boterf, G. (2000). *Construire les compétences individuelles et collectives.* Paris: Éditions d'organisation.
Ledemieux, V. (1998). *Les coalitions. Liens, transactions et contrôles.* Paris: PUF.
Lelièvre, C. (1990). *Histoire des institutions scolaires.* Paris: Nathan.
Lesard, C., Ferrer, E. et Desroches, F. (1997). Pour un monde démocratique: l'éducation dans une perspective planétaire. *Revue des sciences de l'éducation,* vol XXlII, n° 10.
Lévy, P. (1997). *Cyberculture.* Paris: Odile Jacob.
Loeffel, L. (2003). L'éducation du citoyen: entre éducation civique et apprentis sage du «vivre ensemble ». *La Revue des Échanges* (AFIDES), vol. 20, n° 1, mars, p. 2-5.
Marsolais, A. et Brossard, L. (dir.) (2000). *Non-violence et citoyenneté. Un « vivre ensemble » qui s'apprend.* Ste-Foy (Québec): Multimondes.
Maulini, O. (1998). *Apprendre à questionner. Le citoyen, le savoir et l'école en cyberdémocratie.* Université de Genève: Faculté de psychologie et des sciences de l'éducation.
Maulini, O. (1998). L'Ecole est-elle soluble dans la Cité ? Démocratiser l'institution scolaire: les dilemmes de Ia décentralisation et du partenariat. *La Revue des Echanges,* 15(1), pp. 39-45.
Maulini, O. (2000a). *La négociation des différences. Éthique de la diversité et éthique de la discussion dans l'institution scolaire.* Université de Genève: Faculté de psychologie et des sciences de l'éducation.
Maulini, O. (2000 b). *Teehnologies, compétences et institution seolaire : retourner les outils.* Université de Geneve, Faculté de psychologie et des sciences de l'éducation.
Maulini, O. (2002). *La scolarisation des technologies. Questionnement didactique, questionnement pédagogique.* Université de Genève: Faculté de psychologie et des sciences de l'éducation.
Maulini, O. (2003). Le pouvoir de la question. Savoir, rapport au savoir et mission de l'école. In Ch. Gohier (dir.). *Les finalités de l'éducation.* Montréal: Presses de l'Université Laval.
Meirieu, Ph. (1990a). *Enseigner, scénario pour un métier nouveau.* Paris: ESF, 10ᵉ ed.
Meirieu, Ph. (1990b). *L'école, mode d'emploi. Des« méthodes actives» à la pédagogie différenciée.* Paris: ESF, 5ᵉ éd.
Meirieu, Ph. (1991). *Le choix d'éduquer. Éthique et pédagogie.* Paris: ESF.
Meirieu, Ph. (1995a). *La pédagogie entre le dire et le faire.* Paris: ESF.

Meirieu, Ph. (1995b). La pédagogie est-elle soluble dans les sciences de l'éducation? *Cahiers pédagogiques*, n° 334, mai, p. 31-33.
Meirieu, Ph. (1996a). *Frankenstein pédagogue*. Paris: ESF.
Meirieu, Ph. (1996b). Vers une école de la citoyenneté. In GFEN: *Construire ses savoirs, Construire sa citoyenneté. De l' école à la cité*. Lyon: Chronique sociale, p. 60-76.
Meirieu, Ph. et Guiraud, M. (1997). *L'école ou la guerre civile*. Paris: Plon.
Meirieu, Ph., Develay, M., Durand, C., et Mariani, Y. (dir.) (1996) *Transfert de connaissances en formation initiale et continue*. Lyon: CRDP.
Miller, A. (1984). *C' est pour ton bien. Racines de la violence dans l'éducation de l'enfant*. Paris: Aubier Montaigne.
Mintzberg, H. (1990). *Le pouvoir dans les organisations*. Paris: Les Editions d'Organisation.
Mollo, S. (1970). *L'école dans la société. Psychosociologie des modeles éducatifs*. Paris: Dunod.
Morin, E. (1977). *La méthod. 1. La nature de la nature*. Paris: Seuil.
Morin, E. (1980). *La méthode. 2. La vie de la vie*. Paris: Seuil.
Morin, E. (1986). *La méthode. 3. La connaissance de la connaissance 1. Anthropologie de la connaissance*. Paris: Seuil.
Morin, E. (1990). *Introduction à la pensée compiexe*. Paris: ESF.
Morin, E. (1995a). Pour penser l'éducation de demain. In *Des idées positives pour l'école*, Actes des journées du Cinquantenaire des Cahiers pédagogiques. Paris: Hachette, p. 50-70.
Morin, E. (1995b). Pour une réforme de la pensée. In Bentolila, A. (dir.) *L'école: diversités et cohérence*. Paris: Nathan, p. 151-159.
Morin, E. (2000). *Les sept savoirs nécessaires à l'éducation du futur*. Paris: Seuil.
Nizet, J. et Herniaux, J.-P. (1985). *Vioience et ennui*. Paris: PUF.
Oury, F. et al. (1986). *L'année dernière, j'étais mort, signé Miloud*. Vigneux: Matrice.
Oury, F. et Pain, J. (1972). *Chronique de l'école-caserne*. Paris: Maspéro.
Oury, F. et Pochet, C. (1979). *Qui c'est l'conseil*. Paris: Maspéro.
Oury, F. et Vasquez A. (1967). *Vers une pédagogie institutionnelle*. Paris: Maspéro.
Oury, F. et Vasquez, A. (1971). *De la classe coopérative à la pédagogie institutionnelle*. Paris: Maspéro.
Padioleau, J.G. (1986). *L'ordre social. Principes d'analyse sociologique*. Paris: L'Harmattan.
Pain, J. (1992). *Écoles: Violence ou pédagogie?* Vigneux: Matrice.
Payet, J.-C. (1995). *Collèges de banlieue*. Paris: Méridiens Klinsieck.
Péguy, C. (1960). *Euvres en prose*. Paris: Gallimard, Pléiade II.
Pennac, D. (1991). *Comme un roman*. Paris: Gallimard.
Perrenoud, Ph. (1993a). Sens du travail et travail du sens à l'école. *Cahiers pédagogiques*, n° 314-315, p. 23-27 (repris dans Perrenoud, Ph., *Métier d'élève et sens du travail scolaire*. Paris: ESF, 1996, chapitre 10, p. 161-170).
Perrenoud, Ph. (1993b). Curriculum: le réel, le formel, le caché. in Houssaye, J. (dir.), *La pédagogie: une encyclopédie pour aujourd'hui*. Paris: ESF, p. 61-76.
Perrenoud, Ph. (1994a). *La formation des enseignants entre théorie et pratique* Paris: L'Harmattan.
Perrenoud, Ph. (1994b). *Métier d'élève et sens du travail scolaire*. Paris: ESF (4ᵉ éd. 2000).
Perrenoud, Ph. (1994c). La communication en classe: onze dilemmes. *Cahiers pédagogiques*, n° 326, p. 13-18 (repris dans Perrenoud, Ph., *Enseigner: agir dans l' urgence, décider dans l'incertitude. Savoirs et compétences dans un métier complexe*. Paris: ESF, 1996, p. 53-68).
Perrenoud, Ph. (1994d). Les droits imprescriptibles de l'apprenant ou comment rendre le métier d'élève plus vivable. *Éducations*, n° 1, déc. 94-janv. 95, p. 56-62.
Perrenoud, Ph. (1995). *La pédagogie à l'école des différences. Fragments d'une sociologie de l'échec*. Paris: ESF (2ᵉ éd. 1996).
Perrenoud, Ph. (1996a). *Enseigner: agir dans l'urgence, décider dans l'incertitude. Savoirs et compétences dans un métier complexe*. Paris: ESF.
Perrenoud, Ph. (1996b). Pouvoir et travail en équipe. In CHUV: *Travailler ensemble, soigner ensemble. Actes du symposium*. Lausanne: CHUV, Direction des soins infirmiers, p. 19-39.
Perrenoud, Ph. (1997a). *Construire des compétences des l'école*. Paris: ESF (3ᵉ éd. 2000).
Perrenoud, Ph. (1997b). *Pédagogie différenciée : des intentions à l'action*. Paris:ESF (2ᵉ éd. 2000).
Perrenoud, Ph. (1997c). Apprentissage de la citoyenneté... des bonnes intentions au curriculum caché. In Gracia, J.-C. (dir.) *Éducation, citoyenneté, territoire*, Actes du séminaire national de l'enseignement agricole. Toulouse: ENFA, p. 32-54.

Perrenoud, Ph. (1997d). Vers des pratiques pédagogiques favorisant le transfert des acquis scolaires hors de l'école. *Pédagogie collégiale* (Québec), Vol. 10, n° 3, mars, p. 5-16.
Perrenoud, Ph. (1998a). *L'évaluation des élèves. De la fabrication de l'excellence à la régulation des apprentissages.* Bruxelles: De Boeck.
Perrenoud, Ph. (1998b). La transposition didactique à partir de pratiques: des savoirs aux compétences. *Revue des sciences de l'éducation* (Montréal), VoI. XXIV, n° 3, p. 487-514.
Perrenoud, Ph. (1998c). *Réussir ou comprendre ? Les dilemmes classiques d'une démarche de projet.* Université de Genève : Faculté de psychologie et des sciences de l' éducation
Perrenoud, Ph. (1999a). *Dix nouvelles compétences pour enseigner. Invitation au voyage.* Paris: ESF (3ᵉ éd. 2002).
Perrenoud, Ph. (1999b). Raisons de savoir, *Vie Pédagogique*, n° 113, novembre-décembre, p. 5-8.
Perrenoud, Ph. (1999c). Construire des compétences, est-ce tourner le dos aux savoirs? *Pédagogie Collégiale* (Québec) VoI. 12, n° 3, mars, p. 14-22.
Perrenoud, Ph. (1999d). De la gestion de classe à l'organisation du travail dans un cycle d'apprentissage. *Revue des sciences de l'éducation* (Montréal), VoI. XXV, n° 3, p. 533-570.
Perrenoud, Ph. (2000a). D'une métaphore l'autre: transférer ou mobiliser ses connaissances? in Dolz, J. et Ollagnier, E. (dir.) *L'énigme de la compétence en éducation.* Bruxelles: De Boeck, Coll. *Raisons Éducatives*, p. 45-60.
Perrenoud, Ph. (2000b). L'école saisie par les compétences. In Bosman, C., Gerard, F.-M. et Roegiers, X. (dir.) *Quel avenir pour les compétences?* Bruxelles: De Boeck, p. 21-41.
Perrenoud, Ph. (2000c). Le débat et la raison. In Marsolais, A. et Brossard, L. (dir.) *Non-violence et citoyenneté. Un «vivre-ensemble» qui s'apprend.* Ste-Foy (Québec): Multimondes, p. 181-193.
Perrenoud, Ph. (2000d). De la gestion de classe à l'organisation du travail dans un cycle d'apprentissage. *Revue des sciences de l'éducation* (Montréal), VoI. XXV, n° 3, pp. 533-570.
Perrenoud, Ph. (2000e). L'autonomie au travail: déviance déloyale, initiative vertueuse ou nouvelle norme? *Cahiers Pédagogiques, n°* 384, mai, pp. 14-19.
Perrenoud, Ph. (2001a). *Développer la pratique réflexive dans le métier d'enseignant. Professionnalisation et raison pédagogique.* Paris: ESF.
Perrenoud, Ph. (2001b). *Porquê construir competências a partir da escola? Desenvolvimento da autonomia e luta contra as desigualdades.* Porto: ASA Editores.
Perrenoud, Ph. (2001c). The Key to Social Fields: Competencies of an Autonomous Actor. In Rychen, D. S. and Sagalnik, L. H. (dir.) *Defining and Selecting Key Competencies.* Gottingen: Hogrefe & Huber Publishers, p. 121-149.
Perrenoud, Ph. (2002a). *Les cycles d'apprentissage. Une autre organisation du travail pour combattre l'échec scolaire.* Sainte-Foy: Presses de l'Université du Québec.
Perrenoud, Ph. (2002b). Espaces-temps de formation et organisation du travail. In Nóvoa, A. (dir.) *Espaços de Educação, Tempos de formação.* Lisboa: Fundação Calouste Gulbenkian, p. 201-235.
Perrenoud, Ph. (2002c). *A escola e a aprendizagem da democracia.* Porto: ASA Editores.
Perrenoud, Ph. (2002d). De qui la « culture générale » est-elle la culture? In Kuenzel, K. (dir.) *Allgemeinbildung zwischen Postmoderne und Bürgergesellschaft. Internationales Jahrbuch der Erwachsenenbildung/ International Yearbook of Adult Education, Vol. 30,* Köln, Weimar, Wien, Böhlau Verlag, pp. 37-56.
Perrenoud, Ph. (2002f). Apprendre à l'école à travers des projets: pourquoi? comment? *Éducateur,* n° 14, pp. 6-11
Perrenoud, Ph. (2003a). État des lieux. À quels problèmes le système éducatif estil confronté aujourd'hui ? *Éducation & Management,* n° 24, p. 26-29
Perrenoud, Ph. (2003b). Ancrer le curriculum dans les pratiques sociales. *Résonances,* n° 6, février, p. 18-20.
Petit, F. (1988). *Introduction à ia psychosociologie des organisations.* Toulouse: Privat.
Pinto, L. (1998). *Pierre Bourdieu et la théorie du monde social.* Paris: Albin Michel.
Potocky Malicet, D. (1997). *Eléments de sociologie du travail et de l'organisation.* Paris: Anthropos.
Raisky, C. (1996). Doit-on en finir avec la transposition didactique ? In Raisky, C. et Caillot, M. (dir.) *Au-delà des didactiques, le didactique. Débats autour de concepts fédérateurs.* Bruxelles: De Boeck, p. 37-59.
Ranjard, P. (1997). *L'individualisme, un suicide culturel. Les enjeux de l'éducation.* Paris: L'Harmattan.

Rey, B. (1996). *Les compétences transversales en question*. Paris: ESF.
Reynaud, J.-D. (1988). Régulation de contrôle et régulation autonome dans les organisations. *Revue française de sociologie*, XXIX, n° 1, p. 5-18.
Reynaud, J.-D. (1989). *Les règles du jeu. L'action collective et la régulation sociale*. Paris: Armand Colin.
Robert, Ph., Soubiran-Paillet, F. et van de Kerchove, M. (dir.) (1997). *Normes, normes juridiques, normes pénales. Pour une sociologie des frontières*. Paris: L'Hamattan, 2 tomes.
Rochex, J.-Y. (1995). *Le sens de l'expérience scolaire*. Paris: PUF.
Roegiers, X. (2000). *Une pédagogie de l'intégration. Compétences et intégration des acquis dans l'enseignement*. Bruxelles: De Boeck.
Ropé, F. et Tanguy, L. (1994). *Savoirs et compétences. De l'usage de ces notions dans l'école et l'entreprise*. Paris: L'Harmattan.
Schön, D. (1994). *Le praticien réflexif. À la recherche du savoir caché dans l'agir professionnel*. Montréal: Editions Logiques.
Schön, D. (1996). À la recherche d'une nouvelle épistémologie de la pratique et de ce qu'elle implique pour l'éducation des adultes. In Barbier, J.-M. (dir.) *Savoirs théoriques et savoirs d'action*. Paris: PUF, pp. 201-222.
Schön, D. (dir.) (1996). *Le tournant réflexif. Pratiques éducatives et études de cas*. Montréal: Editions Logiques.
Strauss, A. (1992). *La trame de la négociation*. Paris: L'Harmattan.
Stroobants, M. (1993). *Savoir-faire et compétences au travail. Une sociologie de la fabrication des aptitudes*. Bruxelles : Éditions de l'Université de Bruxelles.
Suchman, L. (1990). Plans d'action. Problemes de la représentation de la pratique en sciences cognitives, *Raisons Pratiques*, 1 « Les formes de l'action », pp. 149-170.
Tardif, J. (1992). *Pour un enseignement stratégique*. Montréal: Éditions Logiques.
Terssac, G. de (1992). *Autonomie dans le travail*. Paris: PUF.
Terssac, G. de (1996). Savoirs, compétences et travail. In Barbier, J.-M. (dir.) *Savoirs théoriques et savoirs d'action*. Paris: PUF, pp. 223-247.
Terssac, G. de et Friedberg, E. (dir.) (1995). *Conception et coopération*. Toulouse: Octarès.
Touraine, A. (1984). *Le retour de l'acteur*. Paris: Fayard.
Touraine, A. (1995). L'école du sujet. In Bentolila, A. (dir.) *Savoirs et savoir-faire*. Paris: Nathan, pp. 135-155.
Tozzi, M. (1997). *Dans quelle mesure le modèle socio-constructiviste de l'apprentissage peut-il contribuer à l'éducation à la citoyenneté?* Montpellier: Université de Montpellier III.
Vasquez-Bronfman, A. et Martinez, I. (1996). *La socialisation à l'école. Approche ethnographique*. Paris: PUF.
Vellas, E. (1993). La formation du citoyen se cache, à l'école, au coeur de la construction des savoirs. *Éducateur*, n° 8, novembre-décembre.
Vellas, E. (1996). Donner du sens aux savoirs à l'école: pas si simple! In Groupe français d'éducation nouvelle, *Construire ses savoirs, Construire sa citoyenneté. De l'école à la cité*. Lyon: Chronique sociale, pp. 12-26.
Vellas, E. (1999). *Autonomie citoyenne et sens des savoirs, deux constructions étroitement liées*. In Barbosa, M. (dir.) *Ohlare sobre Educação. Autonomia e Cidadania*. Universidae do Minho: Centro de Estudos em Educação e Psicologia, pp. 143-184.
Vellas, E. (2002). Une gestion orientée par une conception « autosocioconstructiviste ». In Fijalkow, J. et Nault, Th. (dir.) *La gestion de la classe*. Bruxelles: De Boeck, pp. 103-128.
Verret, M. (1975). *Le temps des études*. Paris: Honoré Champion, 2 vol.
Watzlawick, P. (1978). *La réalité de la réalité. Confusion, désinformation, communication*. Paris: Seuil.
Watzlawick, P. (dir.) (1988). *L'invention de la réalité. Contributions au constructivisme*. Paris: Seuil.
Weinert, F.E. (2001). Concept of Competence : A Conceptual Clarification of an Autonomous Actor. In Rychen, D. S. and Sagalnik, L. H. (dir.) *Defining and Selecting Key Competencies*. Gottingen: Hogrefe & Huber Publishers, p. 45-65.
Wiggins, G. (1989). A true test: Toward more authentic and equitable assessment. *Phi Delta Kappa*, 70, p. 703-714.
Zakhartchouk, M. (1998). *L'enseignant, un passeur culturel*. Paris: ESF.